한번 써봅시다
책이 뭐라고

한번 써봅시다 책이 뭐라고

신선수 지음

**일상이 콘텐츠가 되는
하루 30분 프레임 책 쓰기**

청림출판

우리는 왜 책을 써야 하는가?

대학을 마치고 첫 직장을 다닐 때였다. 취업이 어려웠던 시절, 직장을 구했다는 기쁨도 금세 지나가고 고된 회사 생활이 연속되었다. 내가 직장 생활을 시작한 2004년은 주 5일 근무제가 정착되기 전이었으며, 지금처럼 '워라밸', '저녁이 있는 삶' 등의 개념이 없던 시절이라 나는 주말에도 출근해서 일을 했다. 고된 삶을 벗어나고 싶었지만, 현실 앞에서 변화가 두려워 다른 길을 찾기가 쉽지 않았다. '누가 내 길을 알려주면 얼마나 좋을까' 하는 마음이 간절했지만, 주변에서 그런 멘토를 만날 수는 없었다.

그러던 중 돌파구로 삼은 것이 독서였다. 당시 교보문고 앞에 가면 건물 벽에 교보문고 창업주 신용호 회장의 "사람은 책을 만들고 책은 사람을 만든다"라는 글귀가 걸려 있었다. 그 말에 감동을 받아 책을 읽기 시작했다. 그 후로 독서는 내 삶의 가장 중요한 일부가 되었다. 일하는 시간과 잠자는 시간을 빼고는 늘 책을 읽었다.

그렇게 10년이라는 세월이 흘렀고, 어느 날 문득 나도 책을 읽는 수동적인 자기계발에서 책을 쓰는 능동적인 자기계발로 나아가야겠다고 마음을 먹었다. 3년 동안 책을 쓰기 위해 도전했지만 끝까지 완성하지 못했다. 전업 작가와 달리 직장인이라는 한계 때문에 규칙적인 집필 시간을 확보하기가 쉽지 않았고 책을 쓰겠다는 의지를 이어가기도 어려웠다. 지금 생각해보면 시간도 시간이었지만 간절함이 부족했던 것 같다.

나는 절치부심하여 다시 책을 쓰기 시작했고 드디어 출간의 기쁨을 맛보았다. 이렇게 세상에 나온 책이 바로《한 시간에 끝내는 영어 말하기의 모든 것》이었다.

처음 3년간 썼던 책은 왜 실패했고 나중에 쓴 영어책은 어떻게 출간할 수 있었을까? 앞서 말한 대로 간절함도 있었지만, 실패의 경험을 토대로 불규칙한 시간을 활용해 책을 쓸 수 있는 방법, 즉 '프레임 책 쓰기'의 기술을 발명했기에 가능한 일이었다. 그리고 지금 두 번째 책을 통해 나처럼 변화를 꿈꾸는 사람들을 위해 누구나 책을 쓸 수 있는 노하우를 전하고자 한다.

나도 첫 책을 내기 전에는 특별할 것 없는 직장인이었다. 그러나 1년을 준비해서 영어책을 출간했다. 내 돈을 써서 출간하는 자비 출판이 아닌 당당하게 출판사에게 선택받은 기획 출판이었다. 이 책을 읽는 독자들도 변화에 대한 열정과, 이 책에서 말하는 방식을 따르면 누구나 책을 낼 수 있다고 확신한다.

> ▶ 기획 출판: 우리가 일반적으로 알고 있는, 출판사와 인세 계약을 하고 출판하는 방식
>
> ▶ 자비 출판: 기획 출판과 달리 저자가 출간에 필요한 모든 비용을 부담하는 방식

많은 직장인이 현실에 만족하지 못하고 변화를 꿈꾸며 살아가고 있다. 누군가는 창업을 생각하기도 하고, 누군가는 더 나은 조건으로 이직을 생각하기도 한다. 그러나 실행으로 옮기는 사람은 극히 일부다. 생각은 있지만 선뜻 실행하지 못 하는 이유는 변화를 시도했다가 겪을 수 있는 실패가 두렵기 때문이다. 대부분 한국의 직장인들은 집 장만 또는 전세자금을 위해 매달 지불해야 하는 대출금이 있고, 아이들에게 들어가는 교육비, 생계를 유지하기 위해 매달 들어가는 생활비가 있다. 변화를 꿈꿀 때 가장 큰 걱정거리가 매달 발생하는 고정비일 것이다.

'만약 내가 변화에 실패하면 앞으로는 어떻게 하지?'

이런 걱정이 변명이 되어 변화의 기회를 막는다. 이렇게 고민하는 사이 세월은 금방 흘러 나이 40이 되고, 50이 된다. 시간이 지날수록

변화에 대한 두려움은 커지고, 흔히 말하듯 엉덩이가 무거워져 현실의 삶이 불만족스러움에도 계속해서 같은 삶을 반복하며 살아가게 된다. 죽을 만큼 고통스럽지는 않다고 위안하며 '직장은 원래 전쟁터다'라는 말을 당연히 받아들이고 현실에 안주하는 것이다.

책 쓰기가 좋은 점은 실패를 하더라도 기존의 삶이 무너질 우려가 전혀 없다는 점에 있다. 출간을 못했다고 해서 큰일이 나는 것은 아니다. 그러나 정말 열심히 준비해서 책 출간에 성공한다면 당당하게 한 분야의 전문가로 인정받고 경제적인 보상도 충분히 받을 수 있다. 게다가 책을 쓰면서 축적한 지식과 경험은 내 삶을 발전시킬 밑거름으로 남는다.

사실 책 쓰기에는 실패가 없다. 출간이 목적이라면 출간될 때까지 쓰면 되기 때문이다. 나도 첫 책을 내기 전까지 출간하지 못한 책이 3권 있다. 지금은 너무나도 유명한 마케팅 분야의 바이블 《보랏빛 소가 온다》를 쓴 세스 고딘Seth Godin도 베스트셀러를 내기 전까지 무수히 많은 실패작이 있었다.

세스 고딘이 《보랏빛 소가 온다》로 유명해진 후 어느 인터뷰에서 한 기자가 이렇게 물었다.

"당신은 어떻게 첫 책으로 성공할 수 있었나?"

그러자 세스 고딘은 다음과 같이 대답했다.

"나는 첫 책으로 성공한 것이 아니다. 다만 당신은 내가 앞서 실패한

100권의 책을 알지 못할 뿐이다."

    농업이 중심이었던 고대에는 비가 오지 않으면 기우제를 지냈는데, 인류 역사상 실패한 기우제는 단 한 번도 없었다고 한다. 비가 올 때까지 기우제를 지냈기 때문이다. 중간에 포기하지만 않으면 누구나 성공할 수 있고 누구나 책을 낼 수 있다는 말로도 이해할 수 있을 것이다.

    우리는 모두 한 번뿐인 인생을 살아간다. 그러나 어떤 사람은 인류 역사에 발자취를 남기고, 어떤 사람은 그냥 조용히 사라지고 만다. 물론 책을 쓰지 않고도 충분히 의미 있는 삶을 살 수 있다. 그러나 책 쓰기는 이 중에서도 가장 쉽게 자신의 발자취를 남길 수 있는 방법이다. 또한 책 쓰기를 통해 자신이 가지고 있는 유용한 지식을 인류 발전을 위해 이바지했다고 생각하면 스스로 커다란 만족감을 느낄 수 있고 모두에게 이로운 일일 것이다.

    첫 책을 출간하고 나서 가족들의 손을 잡고 대형 서점 평대에 진열된 자신의 책과 마주하는 순간의 감동은 그 무엇과도 바꿀 수 없는 행복이었다. '책 쓰기'라는 경험은 스스로의 자존감 상승은 물론이고 가족에게도 자랑스러움을 선사한다.

    다시 한 번 책 쓰기의 장점을 정리해보면 다음과 같다.

    ▶ 책 쓰는 데는 따로 비용이 들지 않으며, 노력 여하에 따라 경제적

인 부를 얻을 수 있다.

▶ 자기 일과 연관된 책을 쓰면 그 분야의 전문가로 인정받을 수 있다.

▶ 퍼스널 브랜딩이 가능하며, 강연으로 부수입을 얻을 수 있다.

▶ 책 쓰기를 자아 성찰의 기회로 삼을 수 있다.

▶ 책을 쓰기 위해 지식을 정리하는 과정에서 지식을 넓힐 수 있다.

▶ 책을 통해 새로운 인맥을 만들 수 있으며, 이를 통해 삶을 더 풍요
롭게 만들 수 있다.

▶ 가족에게 존경받는 사람이 될 수 있다.

나도 책을 쓸 수 있을까?

"책을 써보세요"라고 권하면 대부분의 사람들은 "제가 어떻게 책을
써요"라고 반응한다. 책은 전문가만 쓸 수 있다고 생각하기 때문이
다. 틀린 말은 아니지만 그렇다고 맞는 말도 아니다.

'누구나 가슴속에 책 한 권은 품고 산다'는 말이 있다. 자세히 들여
다보면 우리의 삶은 같은 듯 다르다. 주어진 자리에서 고군분투하며
지금껏 살아온 것만으로도 우리는 이미 어떤 분야의 전문가다.

내가 영어책을 쓴 이유도 이런 맥락에서다. 나보다 영어를 잘하는
사람은 많고 많을 것이다. 내가 영어를 가장 잘하거나 정점에 있는 사
람이 아님에도 불구하고 영어책을 쓸 수 있었던 이유는 전문 분야를

세분화했기 때문이다. 내가 대한민국에서 영어를 최고로 잘하는 사람이라는 확신은 없었지만, 영어를 가장 못 하는 사람에서 꽤 잘하는 사람으로, 기량이 가장 많이 향상된 사람 중 한 명이라는 확신이 있었다. 또한 '직장 생활을 하면서 어떻게 하면 영어를 잘할 수 있을까'에 대한 노하우를 누구보다 많이 알고 있다는 자부심이 있었다. 대학을 졸업하고 18년간 회사 생활을 하면서 영어를 잘하기 위해 누구보다 고민을 많이 했기 때문에 가능한 일이었다.

이렇듯 자기 삶을 세분화하여 주제를 선정하면 누구나 책을 쓸 수 있다. 물론 아무나 책을 쓸 수 있다는 말은 아니다. 책을 쓰려면 전문성을 갖추어야 한다는 사실에는 변함이 없다. 뚱뚱한 사람이 다이어트 책을 내면 설득력이 없어 아무도 그 책을 사지 않을 것이다. 책을 구매하는 마음에는 '나도 저 사람처럼 되어야지', 혹은 '나도 저 사람처럼 해봐야지' 하는 생각이 깔려 있기 때문이다. 즉 누구나 인정할 만한 전문성이 있어야 한다는 것이다. 그러나 너무 걱정할 필요는 없다. 자기 삶에 비추어 주제를 세분화해보면 누구나 책 한 권을 쓸 만한 이야깃거리가 나온다.

책 쓰기가 어렵게 느껴지는 이유는 '책은 특정 분야에서 전문성을 갖춘 작가만 쓸 수 있다'는 선입견 때문이다. 그러나 잘 살펴보면 많은 사람이 평범한 주제로 책을 냈고 지금도 내고 있다. 누군가는 연필 깎는 방법으로 책을 내고, 누군가는 집에서 아이들을 키우며 체득한 이유식 만들기로 책을 내고, 또 누군가는 자신이 회사에서 하는 일을 주제로 책을 낸다. 자신의 삶을 잘 들여다보면 함께 나눌 만한 유용한 지식이 있을 것이다. 그 주제로 책을 쓰면 된다. 어렵게 생각할 필요는 없다. 자신이 가장 많은 시간을 할애하는 일 또는 가장 많은 시간을 들여 고민하는 분야를 주제로 삼으면 된다.

● 하루 30분 프레임 책 쓰기로 누구나 작가가 될 수 있다

아침에 출근하면서 지하철이나 버스를 타면 대부분의 사람이 카카오톡, 게임, 동영상, 쇼핑으로 많은 시간을 보낸다. 이런 행위가 불필요하다고 폄하할 생각은 전혀 없다. 그러나 당신이 변화를 꿈꾸고 좀 더 나은 삶을 살고 싶다면 카카오톡 메시지 주고받는 시간만이라도 아껴보자. 먼 훗날 문자 메시지는 지워지고 없어지지만 시간을 투자해서 출간한 책은 죽어서도 남고, 잘하면 살아있는 동안 우리의 인생을 바꿔줄지도 모른다.

책을 한 번도 써보지 않은 사람에게는 책을 쓰는 일이 막막하기만 하다. 이 책에서 지금부터 소개하는 '프레임 책 쓰기'는 탄탄히 구성된 목차를 따라 초보자들도 하루 30분만 글을 쓰면 6개월 만에 한 권의 책을 완성할 수 있도록 돕는다. 우리가 쓰는 대중서는 대부분 주장, 논거, 예시로 이루어져 있다. 글을 쓰기 전 미리 프레임을 갖추면 쉽게 한 편의 글을 쓸 수 있고, 이렇게 모인 글이 책이 되는 경험을 할 수 있을 것이다.

책 쓰기에 필요한 유일한 준비물은 결심이다. 미루지 말고 오늘 바로 시작해보자. '내일부터 해야지' 하는 사람은 평생 시작할 수 없다. 다시 한번 말하지만 책 쓰기는 실패 리스크가 없는 가장 큰 투자다. 탄탄하게 구성된 목차를 바탕으로 하루 30분 프레임 글쓰기를 따라하면 누구나 책을 출간할 수 있다. 건투를 빈다. 이제, 우리 가슴속에 품은 책 한 권이 세상에 나올 시간이다.

2022년 가을, 신선수

프레임 책 쓰기란?

책에 들어갈 전체적인 내용을 미리 큰 프레임(목차)으로 만들어놓고 작은 프레임(꼭지)의 글쓰기 구조를 만든 후 하루 30분 자투리 시간을 투자해 글을 써나가는 방식이다. 이렇게 쓴 글을 목차 구성에 맞추어 조립하면 책 한 권이 완성된다. 전업 작가가 아니어서 책 쓸 시간이 많지 않은 일반인도 이 방법을 따라 하면 책 한 권을 쓸 수 있다.

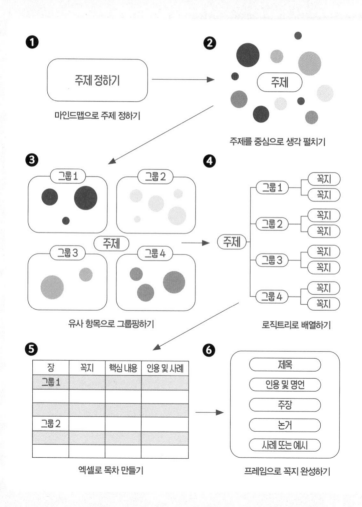

❶ 마인드맵으로 주제 정하기

❷ 주제를 중심으로 생각 펼치기

❸ 유사 항목으로 그룹핑하기

❹ 로직트리로 배열하기

❺ 엑셀로 목차 만들기

❻ 프레임으로 꼭지 완성하기

● 5장 ●
책 쓰기에 관한 모든 질문 그리고 답

열심히 살아도
불안한 우리의 삶

열심히 살았는데
왜 내 삶은 변하지 않을까?

의료 기술의 발전으로 지금은 백세시대라고 한다. 그러나 우리는 대부분 50대 중후반이면 정년을 맞이하고 퇴직을 한다. 젊음을 바쳐 일한 직장을 떠나야 한다는 말이다. 그리고 나면 남은 인생이 30년 이상인데, 정말 두려운 일이다.

그래서 대부분의 사람들이 불안한 노후를 준비하기 위해 더욱 열심히 살아간다. 문제는 이렇게 열심히 살아도 노후를 준비 없이 맞이할 가능성이 크다는 데 있다. 새벽 5시에 버스를 타보면 게을러서 가난하다는 말은 다 헛소리라는 걸 깨닫게 된다는 영화 〈싱글라이더〉 속 대사가 말해주듯이, 열심히 사는 것만이 결코 정답이 아닌 시대가 되었다.

세대에 따라 차이는 있겠지만 우리는 대부분 30대에 결혼하고 출산 후 아이들을 키운다. 40대가 되면 아이들이 중·고등학교를 다니며 대부분의 수입이 사교육비로 지출된다. 허리띠를 졸라매고 모은 돈에 어마어마한 은행 대출을 받아 집을 마련한다. 50대가 지나서도 대출 상환, 아이들 학비로 대부분의 돈을 지출한다. 은퇴를 하고 나서 노후를 맞아도 아이들이 결혼할 때가 되면 '조금이라도 도와줘야지' 하는 생각에 평생을 바쳐 어렵게 마련한 집을 줄여가며 결혼 자금을 지원해준다. 이것도 한눈팔지 않고 성실하게 잘 살았을 때 가능한 이야기다. 치열하게 살아내고도 은퇴 후 나이가 60이 넘으면 문득 이런 생각이 들 것이다.

'왜 나의 노후는 준비되어 있지 않을까?'

《사기》에 보면 "인생의 빠르기는 흰말이 달리는 것을 문틈 사이로 보는 것과 같다"라는 말이 나온다. 나이가 들면서 점점 공감되는 표현이다. 앞으로의 시간도 그럴 것이다.

그럼 안정적인 노후 준비를 위해 필요한 자금은 얼마일까?

월 200~300만 원이 필요하다고 주장하는 경제연구기관도 있고 더 많은 액수가 필요하다는 사람도 있다. 이는 개인이 만족하는 수준의 삶이 다르기 때문에 객관적인 지표가 될 수 없다. 내가 생각하는 노후 자금은 다음과 같다.

가계 소득이 월 800만 원인 부부가 60대에 은퇴하여 85세까지 산다고 가정해보자. 그리고 은퇴 후 삶의 질의 목표가 현 수준의 70%라고 가정해보자(자녀들에게 들어가는 비용 30%를 제외하고 현재 삶의 수준을 유지한다는 가정).

▶ 현 시점 40세인 직장인 60세 은퇴 기준
▶ 물가상승률 연 1.57%(최근 10년 국내 평균 물가상승률)
▶ 현 가계 소득 800만 원/월(부부 합산 가정)
▶ 현시점의 70% 소비 수준 유지
▶ 은퇴 후 생존 기간(25년)

위 기준으로 계산하면 은퇴 후 85세까지 노후 자금은 25억 원이 필요하며, 만약 현 수준의 50%의 소비를 유지한다고 해도 18억 원으로 생각보다 많은 돈이 필요하다. 그러나 경험상 일을 안 하고 돈을 쓰다 보면 더 많은 돈을 지출하게 된다. 일로 바쁠 때는 사실 돈을 쓸 시간이 별로 없다. 물론 누군가는 '나이 들어 근검절약하면서 살면 되지'라고 반박할지도 모른다. 그러나 경제적으로 쪼들리는 노후는 재앙과도 같다. 손자도 용돈을 주는 할아버지를 더 좋아하고, 노후에도 사람은 만나야 하니 흔히 말하는 품위유지비가 필요한 것이 현실이다.

노후 준비, 이직을 할까? 사업을 할까?

산술적으로 계산해보면 직장 생활을 통해 얻는 수입으로 아름다운 노후를 준비하기는 거의 불가능하다. 그래서 많은 직장인이 더 조건 좋은 직장으로 이직을 고민하거나, 주변 사람들의 대박 소식을 듣고 사업을 꿈꾼다.

젊을 때야 이직을 해서 다시 인맥을 형성하고 새로운 조직에 녹아들 수 있지만 나이가 들면 몸이 무거워지고 이직의 위험 부담은 증가한다. 내가 적응하는 것도 문제지만 회사 측에서 나이가 많고 직급이 높아진 사람을 받는 데에 한계가 있기 때문이다. 사람은 나이가 들면 변화하기가 쉽지 않은 것이 사실이다.

그러면 창업은 어떨까? 다른 사람의 대박 소식을 듣고 나면 나도 잘할 수 있을 것 같다. 그러나 막상 시작하려고 하면 여러 가지 장벽이 있다.

첫 번째 장벽은 자금이다. 직장인이 월급 받아 창업 자금을 모으기는 거의 불가능하다. 유일한 방법은 집을 팔아 사업 자금으로 쓰는 것인데 성공을 보장하지 않는 창업에 가족의 동의를 받아내기란 쉽지 않다. 더욱이 집을 팔더라도 대출금을 갚고 나면 전세자금도 부족한 것이 현실이다.

가족을 잘 설득해서 자금을 확보했다고 하더라도 두 번째 장벽을 맞이하게 된다. 창업 후 자리를 잡고 고정 수입이 생기기까지 매달 생활하는 데 드는 고정비 확보가 어렵다. 이마저도 다행히 모아둔 돈이 있다고 하자. '생활비 문제는 다 해결되었으니 이제 나도 창업하고, 사업을 하자. 노후 자금도 벌고 이제 남 눈치 안 보고 나도 남은 인생 사장님 소리 들으며, 성공한 사업가가 되어야지' 하는 생각이 끝나기 무섭게 '만약 사업 실패로 집을 팔고 지금까지 어렵게 모은 돈을 다 날리면 어쩌지?' 하는 생각이 든다. '가족이 길거리에 나앉고 나는 빚쟁이들에게 쫓겨다니면 어쩌지?' 하는 걱정에 선뜻 내 사업을 시작하기란 쉽지 않다.

직장 생활로 노후 준비는 어려울 것 같고 그렇다고 이직을 하자니 부담스럽고 사업도 두렵고…… 마음만 점점 답답해져온다. '아, 이럴 때 누가 나의 인생의 길을 알려 주면 좋을 텐데' 하는 간절함이 생긴다.

나의 삶을 밝혀줄 멘토를 찾아서

현실에서 맞춤형 멘토를 찾기란 쉽지 않다. 주변 사람은 대부분 우리와 비슷한 고민을 하는 입장일 것이고, 멘토가 되어줄 역량이 있는 사람들은 굳이 이유나 대가 없이 우리를 도와주지 않기 때문이다.

그렇다고 좌절할 수만은 없는 일이다. 내가 이런 고민을 하고 있을 때 멘토 대신 만난 것이 책이었다. 책은 우리에게 훌륭한 스승이 되어

줄 수 있다. 세계적으로 큰 부와 성공을 이룬 사람들도 대부분의 해답을 책에서 찾았다.

"하버드 졸업장보다 중요한 것은 독서하는 습관이다."_빌 게이츠
"세상에서 제일 좋아하는 것은 책과 초밥이다."_스티브 잡스
"나는 로켓 제작하는 방법을 책에서 배웠다."_일론 머스크
"나는 하루 500페이지 이상의 책을 읽고, 80% 이상의 시간을 독서에 투자한다."_워런 버핏
"독서가 나의 인생을 바꿨다. 책은 오늘의 나를 만들었다."_오프라 윈프리

책으로 성공한 사람들의 이야기는 이보다 더 많다. 소프트뱅크의 창업주 손정의 회장은 몸이 좋지 않아 병원에 입원한 1년 동안 수천 권의 책을 읽었고, 특히 《손자병법》을 통해 사업에 대한 모든 철학적 기반을 세울 수 있었다고 한다.

우아한형제들을 창업한 김봉진 대표는 이직할 때 "연봉 협상보다는 책을 마음껏 볼 수 있게 해달라"라고 했을 정도로 독서를 사랑했고 지금은 독서법 관련 책을 내며 독서의 중요성을 전파하고 있다.

짐 트렐리즈Jim Trelease와 신디 조지스Cyndi Giorgis가 쓴 책 《하루 15분 책읽어주기의 힘》에 보면 우리를 괴롭히는 모든 문제는 전혀 새로운 것이 아니라 누군가가 이미 겪었던 문제고, 책에 쓰여 있지 않

은 문제는 없다는 말이 있다.

지금보다 더 나은 삶으로 변화하고 싶다면, 삶의 등불이 되어줄 멘토를 만나고 싶다면 지금 당장 서점으로 달려가야 하지 않을까?

모든 독서광이 부자는 아니지만 모든 부자는 독서광이다

'부자는 과연 책을 많이 읽을까?'라는 질문에 답을 얻으려면 자수성가한 백만장자들을 연구한 토마스 콜리Thomas Corley의 저서 《부자습관》을 읽어보면 된다. 성공한 부자들의 습관을 17가지로 정리했는데 그 중 첫 번째 습관은 역시 독서였다. 중요한 항목 몇 가지만 더 살펴보자.

▶ 88% 이상의 부자들은 하루에 30분 이상을 독서 또는 자기계발에 투자한다.

▶ 76%의 부자들은 하루 30분 이상 매일 운동한다.

▶ 이루고 싶은 꿈을 생각하고 글로 적는다.

▶ 89%의 성공한 사람들은 7시간 이상 잠을 잔다. 충분한 수면은 기억력 증진에도 도움이 된다.

▶ 성공한 사람 중 50% 이상은 일과를 시작하기 3시간 전에 기상한다.

▶ 65% 이상의 성공한 사람들은 적어도 3개 이상의 수입원을 가지고 있다.

▶ 멘토를 찾는다.

많은 성공 비결 중에서도 성공의 제1법칙은 당연히 독서다. 우리는 독서를 통해 다양한 분야의 최고 멘토를 가장 저렴한 비용으로 만날 수 있다.

번아웃과 슬럼프

어느 라디오 프로그램에서 이런 내용을 들은 적이 있다.

'한국 남자들은 군대 갔다 와서 취업을 하고 은퇴할 때까지 장기 휴가는 단 한 번도 가지 못하고 일만 한다. 그러다가 60이 넘어 은퇴하면 경제적으로 위축되어 만족도가 높지 않은 삶을 살아간다.'

30년 넘게 쉼 없이 일하고 나서 받는 대우치고는 너무 초라하기만 하다. 직장 생활을 30년 넘게 한다는 것은 젊은 날을 모두 바친다는 말이다. 누구에게나 쉽지 않은 일이다.

직장 생활을 하다 보면 누구에게나 찾아오는 위기가 있다. 바로 슬럼프와 번아웃이다. 슬럼프와 번아웃은 비슷한 듯해도 전혀 다른 개념이다. 슬럼프는 어떤 일을 잘해보려고 하지만 여러 가지 이유로 잘 안 되는 것이다. 대표적인 예로 운동선수를 들 수 있다. 잘하던 선수가 안타와 골을 전혀 만들어내지 못하는 모습을 보일 때, 이것이 슬럼프다. 즉 잘하고 싶지만, 뜻대로 안 되는 것이 슬럼프다. 그나마 의지라도 있으니 다행이다.

번아웃은 슬럼프와 다르다. 번아웃burnout이란 '다 타고 없어진 상태'다. 즉 의지도 남아 있지 않을 정도로 지친 상태를 말한다. 이런 상태가 오래 지속되면 매우 위험하다. 자칫 과도한 스트레스와 우울증을 동반하기도 한다. 이럴 때는 적극적으로 전문의의 도움을 받아야 한다.

《초생산성》의 저자 마이클 하얏트Michael Hyatt에 따르면 미국에서만 매년 최소 12만 1,000명이 사무실에서 발생한 스트레스로 인해 사망한다고 한다. 나도 회사 생활을 하면서 극심한 불안 탓에 불면증에 시달린 적이 있다. 아무리 몸을 혹사시키고 피곤한 상태로 만들어도 자려고 누우면 회사 일이 머릿속에 떠올라 내 의지와 상관없이 머리가 계속 일을 했다. 이런 상태로 천장을 바라보면서 밤을 지새우게 되었다. 불면증이 며칠 이어지면 몸의 면역력이 떨어지고 두드러기, 발열 반응이 나타나게 된다. 평소에 없었던 알레르기 반응도 나타나고 상황이 점점 심각해졌다. 결국 정신과 전문의의 도움을 받아 잠들 수 있었다. 나만 겪은 일은 아닐 것이다.

우리는 직장 생활을 하면서 스트레스로 인한 번아웃을 스스로 이겨낼 수 있어야 한다. 아침 글쓰기도 스트레스 해소에 도움을 준다.

아침에 글을 쓰면 자기 효능감이 생기기 때문이다. 자기 효능감이란 주어진 목표를 달성할 수 있는 능력이 자신에게 있다고 믿는 마음가짐이다.

스트레스와 번아웃에 도움이 되는 해결 방법 세 가지를 추천한다.

첫째, 출근 전 좋아하는 운동을 하자

내가 극심한 스트레스에 시달릴 때 가장 큰 도움을 받은 것은 운동이었다. 아침에 운동을 하려면 5시 30분 전에는 일어나야 했다. 처음에는 불면증에 시달려 아침에 잠이 드는 수면 패턴을 가지고 있는 나에게 너무나 힘든 일이었다. 아무리 독한 각오를 해도 좀처럼 일어날 수가 없었다. 그래서 생각해낸 방법이 보상이었다. '아침에 일찍 일어나는 대가로 나에게 무언가를 줄 수 있을까?' 고민하다가 나의 버킷 리스트 중 하나인 테니스 레슨을 시작하기로 했다. 직장인의 얇은 지갑을 생각했을 때 운동 레슨은 나에게 큰 선물이자 결정이었다.

효과는 대만족이었다. 테니스 레슨은 보통 20분간 진행한다. 그러나 나는 빠른 실력 향상을 위해 레슨 전 20분 개인 훈련을 하고, 20분은 레슨을 받고, 그 후 20분 동안 다른 회원들과 난타(테니스공을 편하게 주고받는 연습)를 치고 하루 운동을 마쳤다. 이렇게 하면 여름에는 온몸이 땀범벅이 된다. 샤워를 하고 나서도 땀구멍이 열려 있어 계속 땀이 날 정도다. 이때는 자기 효능감이 극에 달해 정말 무슨 일이든 해낼 것 같은 기분이다. 한번 이렇게 습관이 자리를 잡게 되자 전날 과음으로 인해 레슨을 빠지거나 운동을 못하게 되면 반대급부로 그날 하루종일 기분이 우울하고 일이 잘 안 되었다. 그래서 레슨을 시작한 이후에는 아무리 전날 술을 많이 먹었더라도 운동을 빠지지 않는다.

《초생산성》의 저자 마이클 하얏트도 운동은 스트레스를 낮춤으로써 일과 가정에서의 시간을 모두 즐겁고 생산적으로 만든다고 말한다. 또한 핀란드의 한 연구원들이 동일한 환경에서 자란 쌍둥이 5,000명을 30년 동안 추적한 결과 규칙적으로 운동을 한 사람의 소득이 14~17% 높았다고 한다.

바로 지금 스트레스와 번아웃으로 고통받고 있다면 아침 운동을 적극 추천한다. 꼭 테니스일 필요는 없다. 누군가는 러닝을 하고 누군가는 수영을 하기도 한다. 단 자신이 좋아하는 운동을 선택해야 오래 할 수 있다. 그러지 않으면 스트레스를 풀려고 시작한 운동 때문에 스트레스를 더 받을 수도 있다. 나도 체중 관리를 위해 아침에 헬스장에서 러닝머신을 40분씩 뛴 적이 있다. 한 3년 정도 했으나 늘 러닝머신에 올라가는 시간이 너무 고통스러웠다. 그러던 어느 날 '내가 왜 스스로 고통을 받고 있지?'라는 생각이 들어서 러닝머신에서 내려왔고 바로 테니스 레슨을 등록했다.

또 다른 스트레스 해소 방법은 취미를 갖는 것이다. 우리나라 직장인
은 아이들 학원비는 아까워하지 않지만, 자신에게 쓰는 돈에는 조금
인색한 것 같다. 자신이 행복하지 않으면 절대 주변 사람, 특히 가족
을 행복하게 만들 수 없다. 행복과 불행은 마치 전염병 같아서 주변
사람들에게 퍼지기 때문이다.

가족을 위한다는 핑계 대신 자신이 먼저 행복해지는 것이 가족에
게 더 큰 선물이다. 따라서 스트레스 관리를 위해 취미 생활을 할 것
을 추천한다. 나는 그림과 요리, 프라모델 도색 작업 등을 좋아한다.
이런 강좌와 함께 음악을 듣고 있으면 모든 걱정과 근심이 사라진다.
내가 좋아하는 일에 집중을 하기 때문에 잡생각이 없어져서 마음이
평온한 상태가 된다.

제2차 세계대전 때 연합군을 승리로 이끈 영국의 윈스턴 처칠도
스트레스 해소를 위해 취미로 그림을 그리기 시작했다. 그는 1965년
에 죽기 전까지 550여 점의 작품을 남겼고 지금도 그의 그림은 고가
에 거래되고 있다. 그림 그리기를 얼마나 사랑했는지, 그는 이런 말까
지 남겼다.

"천국에 가면 처음 100만 년은 그림을 그리는 데 쓰겠다."

셋째, 책 쓰기를 통해 스트레스를 낮춰보자

영국의 한 조사에 따르면 독서를 7분 이상 하면 스트레스가 67% 줄어든다고 한다. 즉 독서를 통해서 스트레스를 낮출 수 있다. 그러나 나는 좀 더 적극적인 방법인 책 쓰기를 권한다. 책을 쓰려면 책을 많이 읽어야 한다. 그저 즐거움을 얻기 위해 책을 읽기만 하면 어느 순간 지겨워지는 때가 온다. 그러나 책을 쓰기 위해 하는 독서는 목표가 명확하기 때문에 지치지 않는다. 꿈이 있는 사람이 지치지 않는 이치와 같다. 목표가 명확하면 독서를 더 열심히 할 수 있다.

책을 쓰기 위해서는 다른 사람의 좋은 문장을 많이 써봐야 하는데 이 과정에서도 스트레스를 해소할 수 있고 마음의 평온을 찾을 수 있다. 음악을 들으며 필사하기를 강력히 권한다.

책 쓰기를 위한 독서는 최종 결과물로 '나만의 책'이라는 큰 결실을 맺을 수 있는 일이다. 앞으로 소개할 하루 30분 프레임 책 쓰기를 통해 '나만의 책'을 꼭 출간하길 바란다.

직장인으로
성공할 수 있는 방법은?

직장인으로 부자가 될 수 있는 방법은 무엇일까?

이 질문에 답하려면 우선 부자의 기준을 알아야 한다. 부자란 어떤 사람을 말하는 것일까? 부자가 되기 위해서는 돈이 얼마나 있어야 할까? 부동산은 얼마나 있으면 부자일까?

내가 아는 한 부자에 대한 정의를 가장 잘 내린 사람은 《부자 아빠 가난한 아빠》의 저자 로버트 기요사키Robert Kiyosaki다. 그는 저서에서 '자산이 많은 수입을 창출하여 지출을 해결하고도 남는 사람'을 부자라고 말한다. 즉 노동을 하지 않고도 자산이 소비 이상의 현금 흐름을 만들어 점점 더 돈이 늘어나는 사람들을 말한다.

자산 소득은 자신의 노동력을 대가로 받는 급여 소득과는 다른 개

넘이다. 이를테면 은행 이자 또는 부동산에 대한 임대 수익이 대표적인 자산 수입이다.

자산을 늘리기 위해서는 개인 사업을 하는 것이 가장 빠른 방법이지만, 리스크가 싫어 직장 생활을 선택했다면 직장인으로 부자가 되는 방법은 다음 두 가지가 있다. 1조 원 이상의 부를 이룬《돈의 속성》의 저자 김승호 회장이 한 말이다.

① 회사에서 임원이나 사장이 되는 것
② 부지런히 공부하고 투자하는 것

나는 직장인으로 부자가 되겠다고 마음을 먹었다면 이 둘 중에 하나가 아니라 두 가지를 모두 해야 한다고 생각한다. 기준이 다르겠지만 임원이 된다고 부자가 된다는 보장이 없고, 투자만 공부한다고 부자가 될 수도 없다고 본다. 임원도 결국 월급이 많은 직장인일 뿐이다. 모두 경험해봐서 알겠지만, 월급이 오른다고 돈이 쉽게 모이지 않는다. 늘어난 소득만큼 소비가 늘기 때문이다. 부자가 되려면 늘어나는 소득을 불릴 수 있도록 공부를 병행하여 투자를 해야 한다. 반대로 투자 공부만 너무 열심히 하면 회사 일은 소홀할 수밖에 없기 때문에 회사 생활이 불안정해져 투자금을 안정적으로 모을 수 없게 된다.

우리는 월급이 적다고 불평하지만 투자 관점에서 보면 고정적으로 들어오는 월급은 결코 적은 돈이 아니다. 매월 400만 원을 받는 직장인이 있다고 가정해보자. 생활비로 쓰고 나면 별로 남는 것 없는 적은 돈일 수 있다. 그러나 투자에 대한 이자를 낼 수 있는 돈이라고 생각해보면 연간 이자율이 4%라고 가정했을 때 12억을 빌리고 이자를 낼 수 있는 큰돈이다. 극단적인 예이기는 하지만 생활비가 따로 있다면 12억 원의 투자를 할 수 있다는 말이다. 고정적으로 발생하는 급여의 힘은 매우 크다. 따라서 직장인으로 부자가 되기 위해서는 자산 소득이 지출을 넘어설 때까지 회사 생활을 열심히 하면서 투자 공부를 병행해야 한다.

직장 생활을 열심히 하며 투자 공부를 하기란 말처럼 쉽지 않은 일이다. 두 가지 모두 할 시간이 없고 지속할 수 있는 동기 부여를 받기가 어렵기 때문이다. 이런 관점에서 책 쓰기는 두 가지 면에 큰 도움을 줄 수 있다.

● 회사에서 임원이나 사장이 되는 것

회사에서 임원 이상이 되기 위해서는 여러 가지 면에서 특별한 능력을 갖추어야 한다. 즉 전문성을 갖추어야 한다는 말이다. 전문성이란 무엇일까? 일반 직장인 외에 우리가 전문직이라고 부르는 직업이 있다. 의사, 변호사 등 흔히 말하는 '사' 자가 들어가는 직업이다. 일반 직장에서는 임원이 이런 위치에 있는 사람이다. 회사가 누군가에게

임원의 자리를 주는 이유는 그 사람의 능력이 회사에 없으면 아쉽거나 경쟁사로 가거나 독립했을 때 위협적이기 때문이다.

일반 직장에서 이런 전문가의 길로 갈 수 있는 빠른 길 중 하나가 책 쓰기다. 요즘 국내외에서 뜨거운 관심을 받고 있는 분야가 수소 에너지다. 만약 당신이 이쪽 분야에서 일하는 사람이라고 생각해보자. 그리고 수소 에너지 관련 책을 냈다고 해보자(물론 회사의 기밀 사항이나 지식재산을 유출하지 않는 범위 내에서 책을 써야 한다). 연관 산업에 종사하는 많은 사람이 책을 사볼 것이고, 때로는 전문가란 타이틀로 관련 강연에 초대되기도 할 것이다. 그러다 보면 인맥이 쌓이게 된다. 시간이 지날수록 그 분야의 전문가로 성장하면서 회사에서는 놓치면 아쉬운 꼭 필요한 사람이 되는 것이다.

● **부지런히 공부하고 투자하는 것**

대한민국에서 투자 공부라는 것은 어떻게 보면 빤하다. 투자 영역이 몇 안 되기 때문이다. 부동산으로 대변되는 아파트 및 토지가 있고, 금융으로 대변되는 주식 투자가 있다. 투자를 하기 위해 어떤 사람은 경매나 공인중개사 공부를 하고 어떤 사람은 재무, 회계를 공부한다. 투자 공부가 효과를 내기 위해서는 생각보다 오랜 시간을 투자해야 하는데 지속하기가 쉽지 않다. 동기 부여가 사라지기 때문이다. 처음에는 의욕적으로 부동산 공부를 시작하지만 1년, 2년 시간이 흐르고 별다른 소득이 없으면 중단하게 된다.

투자 공부를 계속하는 방법으로 책 쓰기를 제안한다. 책을 쓰려면 많은 전문 지식이 필요하다. 예를 들면 그냥 경매 공부를 하는 것과 '내가 경매로 꼭 성공해서 책 한 권 내야지' 하는 마음을 갖는 것은 하늘과 땅 차이다. 책은 불특정 다수가 읽기 때문에 스스로 검증된 사실을 전달해야 한다. 그런 부담감이 있기 때문에 더 정확한 지식을 공부하게 된다. 경영학의 구루 피터 드러커처럼, 4년마다 주제를 바꿔가면서 책 쓰기를 목표로 투자 공부를 한다면 좀 더 효과적으로 지식을 쌓을 수 있다. 실제로 이렇게 투자와 책 쓰기를 병행해서 성공한 사람이 많다.

책을 쓴다는 사실만으로도 동기 부여를 받을 수 있고 이를 통해서 공부를 지속할 수 있다. 책 쓰기는 당신을 부자로 만들어줄 것이다.

직장 생활 5년이면 이미 한 분야의 전문가다!

책을 쓰기로 마음을 먹었는데 대부분의 사람들이 뭘 써야 할지 몰라 막막해한다. 즉 책의 주제 선정이 생각보다 어렵다.

'내가 쓰는 책이 가치가 있을까? 다른 사람들이 내 책을 돈을 내고 사 볼까? 책을 내고 욕이나 먹는 건 아닌가?'

책을 쓰기 전에는 오만 가지 생각이 다 든다.

책은 어떤 주제로도 쓸 수 있지만 몇 가지 지켜야 할 원칙이 있다.

첫째, 해당 분야의 전문가로, 저자로서 당위성이 있어야 한다. 독자는 전문가로 인정하지 않는 사람의 책은 읽지 않는다. 가난한 사람이 아무리 부자가 되는 법을 강연해도 사람들은 듣지 않을 것이다.

둘째, 내가 아는 지식이 남에게 가치가 있는 지식이어야 한다. 책 읽는 사람에게 독서라는 시간 투자에 대한 가치를 제공해야 한다. 세상에 가치 없는 일은 없겠지만 많은 사람이 공감하고 필요로 하는 가치를 제공해야 할 것이다.

셋째, 사람들이 관심을 가질 만한 내용이어야 한다. 가치 있는 일이라고 모든 사람이 관심을 갖는 것은 아니다. 우리는 상업적인 출간이 목적이기 때문에 많은 사람이 관심을 가질 만한 내용을 담아야 한다. 이를테면 환경오염에 관한 내용은 분명히 가치 있는 주제지만, 어학, 부동산, 주식 투자보다 관심을 갖는 독자들이 적어 상업적으로 성공하기가 상대적으로 어렵다.

● 우리는 모두 어떤 분야의 전문가다

앞서 설명한 대로 책을 쓰기 위해서는 해당 분야의 전문가가 되어야 한다. 어떤 분야에서 전문가냐 아니냐를 명확하게 구분하기란 쉽지 않다. 스웨덴 출신의 세계적인 심리학자 안데르스 에릭슨Anders Ericsson에 따르면 어떤 일을 1만 시간 이상 하면 전문가가 될 수 있다. 이 '1만 시간의 법칙'을 기준으로 직장인이 전문가가 되는 시간을 계산해보면 다음과 같다.

▶ 1년 365일 중 평균 휴일 수: 144일

▶ 휴일을 제외한 평균 근무일 수: 221일

▶ 8시간 기준 1년 근무시간: 1,768시간

▶ 1만 시간 도달 근무시간: 5.65년

직장인이 전문가가 되는 데 대략 5.6년이 걸린다. 바꿔 말하면 5.6년 이상 근무한 직장인은 이미 자기 분야의 전문가다. 이제 우리는 전문가이기 때문에 해당 분야에서 다른 사람들에게 가치 있고 관심을 가질 만한 주제를 찾기만 하면 누구나 책을 쓸 수 있다.

● **내가 알고 있는 지식이 가치가 있을까?**

대부분의 직장인은 자신이 하는 일에 대해 다른 사람들이 관심을 가질 만한 가치가 없다고 생각을 한다. 해당 분야에서 너무 오래 일을 했기 때문에 자신이 하는 일, 알고 있는 일이 너무나 당연하게 생각되기 때문이다. 그리고 자신이 너무 잘 알고 있어 다른 사람도 대충 알고 있다고 생각해버린다. 내가 매일 하는 일, 당연히 알고 있는 지식이 누군가에게는 꼭 필요하고 간절한 지식일 수 있다. 다음은 직업별로 책을 쓸 만한 주제의 예다. 실제로 이런 주제로 지금도 많은 책이 출간되고 있다.

직업	책 쓰기 주제	실제 출간된 책 제목
교사	학생 심리	초등학교에서 긍정심리학 실천하기
부동산 투자자	땅, 경매, 아파트 관련	1년 안에 되파는 토지투자의 기술 나는 오를 땅만 산다
회계사	회계, 주식	박 회계사의 재무제표 분석법 절세 상식사전
인사팀 담당자	면접 요령	인사담당자 100명의 비밀녹취록
항공사 승무원	에세이, 취업 요령	퍼스트클래스 승객은 펜을 빌리지 않는다 회사를 관두는 최고의 순간
요리사	요리법	백종원이 추천하는 집밥 메뉴
주식 투자자	주식 및 투자	박병창의 돈을 부르는 매매의 기술
무역회사 직원	무역 절차	무역&오퍼상 무작정 따라하기
은행 직원	서비스	손님 잘 좀 모십시다
마케터	마케팅	우리는 취향을 팝니다
광고 기획자	광고 에피소드	광고천재 이제석
기타	취미활동	안녕하새오, 앵무새 치즈애오

　　우리가 하는 일에서 충분히 주제를 찾을 수 있다. 은행 창구 직원이었던 조관일 씨는 고객 응대 경험을 바탕으로 친절에 관한 책을 썼다. 31세라는 젊은 나이였지만 유명해지고 싶어 책을 썼다고 한다. 이를 계기로 그는 농협 회장의 지시로 전국을 순회하며 강연을 했고 공사 사장을 거쳐 지금은 조관일 창의연구소 대표로 일하면서 60여 권의 책을 출간하고 월 15회 이상 강연 활동을 하고 있다.

　　아무리 생각해도 하는 일에서는 글쓰기 주제를 찾기 어렵다면 좋아하는 취미를 주제로도 책을 쓸 수 있다. 권윤택, 김준영 부부는 반려조 치즈를 키우며 글을 써서 《안녕하새오, 앵무새 치즈애오》를 출간했다. 강아지와 고양이 등 평범한 주제로 글을 썼다면 출간이 어려웠겠지만 앵무새라는 특별한 동물을 주제로 선택했으며, 또한 사람이 아닌 앵무새의 시점으로 글을 쓰고 삽화를 그린 참신함이 있었기 때문에 출간이 될 수 있었다고 생각한다.

이처럼 자신이 하는 일에서 주제를 찾을 수 없다면 좋아하는 일에서 찾으면 된다. 우리 모두는 이미 전문가이고 책을 쓸 정도의 지식을 가지고 있다.

뭔가를 시작하기에
늦은 나이란 없다

나는 2004년 29세의 나이로 첫 직장에 취직을 했다. 입사 동기들보다 한두 살 많은 나이였기 때문에 시간을 알차게 써야 한다는 생각이 많았다. 입사 당시 오리엔테이션을 받기 위해 각 사업장과 공장을 방문하는 시간이 있었다. 지금은 이름이 기억나지 않는 당시 30대 중반 과장님의 말씀이 지금도 생각난다.

"지금 신입사원이라고 시간을 대충 보내면 10년 금방 갑니다. 지금부터 1분 1초를 열심히 살아야 합니다."

2년 늦게 입사를 했던지라 이 말이 귀에서 계속 맴돌았다. 시간을 허투루 쓰지 말고 열심히 살아야겠다고 다짐을 하고 실제로도 열심히 살았다. 돌이켜봐도 더 열심히 살 자신은 없다. 그러나 나에게도

40대는 찾아왔고 인생 초년에 계획했던 큰 부는 이루지 못했다. 그리고 나도 신입사원들에게 같은 이야기를 하는 입장이 되었다.

젊은 시절에는 꿈도 많았고 열심히만 살면 금방 큰 부를 이룰 줄로만 알았다. 그러나 남처럼 평범하게 살기도 쉽지 않았다. 젊은 시절에는 부족한 부분이 있으면 밤을 새워 보충해서 채울 수 있었다. 그러나 나이 40이 넘어서부터는 몸이 조금씩 힘들어졌고 밤샘 작업은 생각도 못하게 되었다. 이제 일을 하려면 건강이라는 천덕꾸러기도 함께 돌봐야 하는 입장이 되어버렸다. 늘 변화를 생각했지만 변하지 못했던 이유는 크게 두 가지였다.

● 첫째, 막연한 두려움에 대한 회피

어릴 적 내 꿈은 미술가, 건축가 등 창조적인 일을 하는 사람이 되는 것이었고, 사회생활을 시작한 후부터는 요식 사업을 하는 것이었다. 나는 늘 꿈을 가지고 살았지만, 실천한 적은 한 번도 없었다. 늘 시작할 수 없는 이유가 있었고 그로 인해서 괴로워했다. 그러나 돌이켜 보면 새로운 삶에 대한 두려움을 내가 처한 현실을 핑계 삼아 자기 합리화했을 뿐이다.

29세에 직장 생활을 시작한 뒤, 내가 하는 일이 적성에 맞지 않다는 것을 깨닫기까지 그리 많은 시간이 걸리지 않았다. 그러나 놀랍게도 나는 그 일을 7년이나 했다. 꿈을 포기하는 자기 합리화 과정은 다음과 같았다. 직장 생활 1년 후 일이 적성에 맞지 않음을 알고 꿈을 좇아 요리 유학을 떠나고 싶었다. 그러나 지금의 아내를 만나 꿈을 접고 결혼을 했다. 당시에는 대학 공부에 유학까지 해서 배운 모든 것을 버린다는 것이 아깝기도 하고 두렵기도 했다.

결혼 1년 후 직장 생활 3년 차가 되었을 때 또다시 고비가 찾아 왔고 아내를 설득하여 내가 하고 싶은 일을 하겠다고 선언했다. 그러나 첫째 아이가 생겨서 회사를 계속 다닐 수밖에 없었다. 이 시기에 나는 그냥 회사가 싫었고 일이 싫었을 뿐 구체적으로 뭘 해야 할지 몰랐다.

아이를 키우며 이직을 하고 다시 고비가 찾아왔다. 나는 아내에게 또다시 내 꿈에 대해 이야기했으며 어렵게 허락을 받자 둘째가 태어났다. 나는 다시 다른 생각 없이 일을 해야만 했다. 이 밖에도 크고 작은 일이 많이 일어났지만, 그때마다 나는 다양한 변명으로 그저 두려움을 회피하며, 현실에 불만족한 채 살았다.

내가 변하지 못한 것은 당시 너무 급진적인 변화를 생각했기 때문이다. 지금처럼 당장 현실에서 바로 시작할 수 있는 점진적인 변화를 생각했다면 조금 더 빨리 변할 수 있었을 것이다.

마흔 살이 넘어가자, 꿈을 떠올릴 때마다 이런 생각이 들었다.

'과연 지금 내가 삶이나 직업을 완전히 바꿀 수 있을까? 어떤 일을 시작하기에 40이라는 나이는 너무 늦은 것 아닌가?'

이런 이유가 다시 불만족스러운 현실의 삶으로 나를 돌아가게 만들었다. 어떤 이론을 만나기 전까지는 말이다.

나이 40이라면 너무 늦었다고 생각하는데 조지아대학교 심리학과 교수인 데이비드 슈워츠David Shwartz가 고안한 생산 연령 계산법으로 보면 절대 그렇지 않다. 가정은 다음과 같다.

우리의 평균 수명은 80세이며, 삶에서 생산 기간은 20세에서 80세이다(20세 이전까지는 학습을 하기 때문에 생산 연령이 아니다). 이후 생산 기간이 얼마나 남았는지 다음 식으로 산출할 수 있다.

▶ 잔여 생산 기간 = 평균 수명 − 현재 나이
▶ 생산 연령 총계 = 평균 수명 − 생산 시작 나이
▶ 남은 생산 기간 = (잔여 생산 기간/생산 연령 총계) × 100

즉 20세부터 일을 시작해 현재 나이가 40세인 사람은 아직도 생산 연령이 66.6%나 남아 있다는 것이다[(80-40) ÷ (80-20) × 100 = 66.6]. 미국식 계산법이니, 이를 한국식으로 수정할 필요가 있다.

한국에서 취업 평균 나이는 30세다. 군대, 대학, 각종 취업 준비로 인하여 대부분의 사람들이 30세가 되어야 일을 시작한다. 즉 한국에서는 다음과 같이 계산할 수 있다.

$$(80-40) \div (80-30) \times 100 = 80\%$$

생각보다는 큰 수치다. 우리는 30세라는 늦은 나이에 일을 시작했다는 것을 잊고 단지 40이라는 숫자에 얽매여 꿈을 포기한다. 우리는 겨우 20% 정도 일한 것에 불과한데 너무 늦었다고 착각하며 산다. 위 논리를 근거로 보면 어떤 일을 시작하기에 결코 늦은 시기는 없다.

새로운 일을 시작하기에 너무 늦었다고 단정하는 것은 우리가 일을 시작하는 나이를 잊고 생산 가능 나이를 정년까지만 생각하기 때

현재 나이(세)	남은 생산 연령(년)	남은 생산 연령(비율)
30	50	100%
35	45	90%
40	40	80%
45	35	70%
50	30	60%
55	25	50%
60	20	40%
65	15	30%

문에 생긴 왜곡 때문이다. 왼쪽의 표를 참고해보자.

　지금 꿈을 따라 작은 변화를 시작해도 늦지 않다. 당장 시작한다면, 원하는 시간 내에 원하는 바를 충분히 이루고도 남는다. 책 쓰기가 이런 작은 변화의 시작이 될 수 있다고 생각한다.

왜 책을
써야 하는가?

책이 인생을
바꿀 수 있을까?

책을 읽는 목적은 단순히 읽는 데 있지 않고 읽은 내용을 삶에 적용하여 더 나은 삶을 살기 위함이다.

우리가 독서를 하는 이유는 책을 읽는다는 사실에 만족하기 위해서가 아니다. 나도 처음에 삶이 지치고 힘들 때 멘토를 만나고 싶었지만, 주변에 마땅한 멘토가 없었기 때문에 책을 읽기 시작했다. 처음에는 책을 읽는다는 사실만으로도 불안한 마음이 조금은 진정되었다. 책을 읽는다는 행위 자체가 생산적인 활동 같아서 심리적으로 안정이 되었다. 그러나 책을 아무리 읽어도 내 삶에 변화는 생기지 않았다. 뭔가 잘못되었던 것이다.

'책을 어떻게 읽어야 삶이 달라질까?'

이런 의문을 가지고 있을 때 안상헌 작가의 《어느 독서광의 생산적 책읽기 50》이란 책이 눈에 들어왔다. 이 책을 읽는 순간 지금까지 나의 독서는 크게 잘못되었다는 것을 알게 되었다.

전에는 책을 사면 매우 조심스럽게 읽었다. 책을 보다가 크게 깨우치거나 공감 가는 문구가 나와도 책이 아까워 줄을 긋지도 책을 접어 표시하지도 못했다. 책을 다시 팔 것도 아니었는데 왜 그렇게 조심스럽게 읽었는지 지금 생각해도 이해가 가지 않는다. 그냥 책을 장식품처럼 아꼈던 것 같다. 《어느 독서광의 생산적 책읽기 50》을 보면 책은 마치 수험서처럼 읽어야 한다는 내용이 나온다. 중요한 부분에 서로 다른 색상의 펜으로 구분하여 줄을 긋고 표시를 하고, 필요하면 색인을 넣고, 빈 공간에 생각나는 부분을 메모하는 방식이다. 이렇게 해야 내 책이 되고 내가 읽은 것이 된다.

나중에 알았지만 실용 독서를 하는 많은 사람이 이미 이렇게 독서를 하고 있었다. 독서광으로 유명한 빌 게이츠도 책의 여백에 생각을 정리하고 메모를 하는 것으로 유명하다.

사실 우리에게 독서가 도움이 되는 이유는 책을 읽고 영감을 받아 이를 통해 자신의 생각을 넓히고 삶에 적용하는 데 있다. 물론 학습서 같은 실용 도서들은 책을 읽고 그대로 이해하고 받아들이면 된다. 그러나 흔히 말하는 인문서는 사실 그대로 받아들여서는 삶에 도움이 되지 않는다. 우리는 시대가 달라도 고전으로부터 지혜를 배울 수 있고, 이를 위해 자신만이 가지고 있는 배경지식과 자신이 처한 상황에 맞추어 재해석하고 적용하여 나만의 지식으로 발전시키는 과정이 필요하다. 이런 과정이 있어야 독서를 통해 삶을 더 좋은 방향으로 발전시킬 수 있다.

책을 읽다 보면 특정 페이지에서, 특정 문구에서 영감을 받을 때가 있다. 이때 받은 영감을 오래 기억하는 유일한 방법은 빠르고 구체적으로 메모하는 것이다. 기록하지 않은 영감은 생각보다 빨리 없어진다.

"아이디어는 휘발성이다."_아인슈타인

가장 빠르게 메모를 하는 방법은 책의 여백에 하는 것이다. 내가 설명하지 않아도 독서를 많이 하는 사람들은 이미 이렇게 하고 있을 것이다. 메모를 예쁘게 정리하기 위해서 책이 아닌 곳에 하게 되면 나중에 다시 찾아봤을 때 내가 왜 여기에 이런 메모를 했는지 기억이 나지 않는다. 기억은 당시에 아무리 생생해도 시간이 지나면 거짓말처럼 잊히기 때문이다. 마치 인상 깊게 꾼 꿈의 내용이 아침과 다르게 저녁이 되면 생각나지 않는 이치와 같다. 우리가 기억하는 지식이나 내용은 의식적으로 반복해서 인지했기 때문이다. 따라서 독서를 하면서 떠오른 아이디어나 영감은 책 여백에 바로 메모를 해야 효과적이다. 그래야 책과 연관지어 오랫동안 활용할 수 있다.

책을 읽으며 생각난 내용을 메모할 때 주의해야 할 점이 있다. 절대로 멋있게 적으려고 하지 말고 떠오른 생각을 그대로 적어야 한다는 것이다. 그리고 왜 이런 메모를 하고 생각을 했는지에 대해 최대한 구체적으로 적어야 한다. 멋지게 줄여서 표현하거나 은유법 등을 사용하면 나중에 왜 이런 메모를 했는지 기억이 나지 않는다.

책을 읽고 이렇게 메모를 한 후 시간이 지나서 다시 책을 볼 때는 밑줄 그은 부분과 메모만 봐도 그 책을 통한 지식은 내 것이 되고 내 삶을 변화시킨다. 아무리 좋은 책이라도 두 번은 잘 안 읽게 되므로 이런 방식의 독서법이 필요한 것이다.

이런 실전 독서법을 더 체계적으로 정리한 책이 있다. 바로 박상배 저자의《인생의 차이를 만드는 독서법, 본깨적》이다.

'본깨적'은 말 그대로 독서를 하면서 본 것을 자기만의 관점으로 재해석하여 깨우치고 노트에 적어 삶에 적용한다는 의미다. 책 읽기에서 끝나지 않고 책을 읽은 후 내용을 정리해서 독서 노트에 적으라고 권하고 있다. 웬만한 끈기와 노력 없이 하기 힘든 작업이기는 하다.

독서 노트까지는 아니더라도, 독서를 통해 삶을 발전시키기 위해서 더 생산적이고 적극적인 독서를 해야 한다는 사실은 변함이 없다. 그냥 읽는 것에서 끝나면 달라지는 것은 하나도 없다. 반드시 삶에 적용해야 변화가 일어난다. 독서의 목적은 읽기가 아니라 독서를 통한 삶의 긍정적인 변화에 있다.

책으로 인생이 달라지는 경우

책을 단순히 읽는 것만으로는 삶이 변하지 않는다. 책을 읽을 때 중요한 부분에 밑줄을 긋고 여백에 받은 영감과 느낀 점을 메모해야 적극적인 독서가 된다. 이렇게 책을 수험서처럼 필기하며 한 권 읽고 나서 블로그에 정리하면 활용도가 높아진다. 나중에 블로그 글이나 책에 밑줄 친 부분만 다시 봐도 반복 학습의 효과가 있다. 반복적인 독서를 하면 독서를 통해 삶을 변화시킬 수 있다.

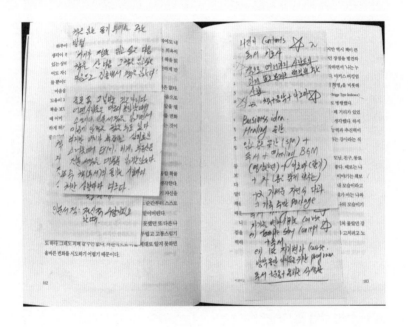

책벌레,
책 쓰기에 도전하다!

삶의 멘토를 찾기 위해 시작한 독서는 몇 년간 지속되었고 어느 순간 일상으로 자리를 잡게 되었다. 사람은 뭐든 한 가지 일을 오래 하게 되면 다음 단계로 넘어가고 싶어진다. 독서도 마찬가지였다. 계속 읽다 보니 나도 내 글을 쓰고 싶은 욕심이 생겼다.

막상 책을 쓰기로 마음을 먹었지만, 읽기만 했지 써본 적이 없어 막막하기만 했다. 우선 가장 힘든 부분은 뭘 써야 할지 모른다는 것이었다. 나의 일상은 독자들이 관심 없을 것 같고, 그렇다고 나에게 남보다 잘하고 남들이 관심을 가져줄 만한 특별한 기술이나 능력이 있지도 않았다. 그래도 많이 읽었던 책이 자기계발서였기 때문에 자기계발서를 쓰고 싶었다. 그래서 일단 그동안 읽은 책들과 일상생활 속에서의 생각을 모아 글을 쓰기 시작했다.

글을 쓴다는 것이 어떤 날은 재미있기도 했지만, 대부분은 글을 쓸 수 있는 시간을 확보하기도 쉽지 않았고 시간을 확보하더라도 막상 책상 앞에 앉으면 아무 생각이 나지 않았다. 그래서 생각이 떠올랐을 때 글을 쓰기 위해 항상 수첩과 메모장을 지니고 다녔다. 출장을 갈 때나 손님을 기다릴 때나 길을 걸을 때나 좋은 생각이 나면 메모를 했고, 메모를 바탕으로 시간이 날 때 글을 정리했다. 그러나 글을 쓸 시간이 불규칙한 날에는 생각들이 연결되지 않아 초고를 마무리할 수 없었다. 당시에 나는 《아침형인간》이라는 책에 감명을 받아 새벽 5시면 일어났지만 아침에는 글이 잘 써지지 않았다. 더 큰 문제는 건강 악화로 아침 시간은 운동에 할애해야 했다는 것이다.

이렇게 책을 쓴다는 목적과 꿈을 갖고 책 쓰기에 도전한 지도 3년이 지났지만, 초고를 완성할 수 없었다. 우여곡절 끝에 절반 정도 썼을 때 문득 이런 생각이 들었다.

'난 지극히 평범한 직장인일 뿐인데 내가 쓰는 자기계발서를 누가 돈을 내고 사서 읽어줄까?'

책을 쓰고 싶은 욕심에 좋아하는 주제를 선택해서 썼지만 아직까지 남들이 인정해줄 만한 업적이 없다는 사실에 점점 글쓰기에 자신감을 잃어갔고, 글을 한 자도 쓰지 못하는 날이 늘어났다. 객관적인 성공을 이루지 못하고 쓰는 자기계발서는 마치 뚱뚱한 사람이 이론만 무장한 채 직접 해보지도 않은 다이어트 책을 쓰는 것과 같다는 생각이 들었다. 이런 생각을 하게 되자 나는 더 이상 책을 쓸 동력을 잃었다. '아! 책 쓰기는 아무나 하는 것이 아니구나'라는 생각에 꿈을 접어야만 했다.

● 유명해서 책 쓰는 게 아니라, 책 써서 유명해진 것이다

그러나 다시 책을 읽는 동안 '나도 책을 쓰고 싶다'는 욕망을 완전히 떨칠 수는 없었다. 그래서 다시 책을 만나러 갔다. 기본기부터 다지기 위해 책 쓰기 관련된 책을 읽기 시작했다. 생각보다 정말 많은 책이 있었다. 그중에서도 김태광 작가의 '유명해서 책 쓰는 게 아니라 유명해지기 위해 책 쓰는 것'이라는 말에 용기를 얻었다. 나와 같은 일반인도 책을 쓸 수 있다는 희망의 메시지였다.

이런 시각으로 세상을 보니 정말 유명한 사람들이 원래 유명했던 것이 아니라 책을 통해 유명해졌다는 생각이 들기 시작했다. 예를 들면 매년 동일 주제로 베스트셀러를 내는 《트렌드 코리아》의 저자 김난도 교수도 책을 내서 유명해진 것이었다. 경제학 교수는 많지만 누구나 이름을 기억하는 경제학 교수는 김난도 교수가 유일할 것이다. 김난도 교수가 책을 내지 않았다면 그의 강의를 듣는 학생들 외에는 아무도 그의 이름을 기억하지 못할 것이다.

지금은 너무나도 유명해진 백종원 대표도 책을 통해서 자신의 삶을 개척했다. 그는 지금처럼 유명해지기 전에 이미 요식업과 식당에 관한 많은 책을 냈다. 이 책들은 그의 사업을 더욱 번창하게 했으며 급기야 연예인보다 더 많은 프로그램에 출연할 수 있는 오늘날의 그를 만들어주었다. 그리고 이는 다시 그의 요식 사업을 번창하게 만드는 홍보 효과를 내고 있다. 백종원 대표도 책으로 발판을 만들지 않았다면 지금과 같은 성공을 거두지는 못했을 것이다.

책 쓰기 관련 서적을 읽으면서 얻은 가장 큰 성과는 유명하지 않아도 책을 쓸 수 있다는 자신감이었다. 이런 자신감을 바탕으로 세상에 나오게 된 나의 첫 책은 직장인의 실전 회화 공부법을 담은《한 시간에 끝내는 영어 말하기의 모든 것》이었다. 남들처럼 초고를 3개월 만에 작성하지도 못했고 집필에서 출간까지 1년이 걸렸지만 직장을 다니면서 틈틈이 쓴 글로 출판사와 정식 계약을 통해 책을 낼 수 있었다. 이런 노하우를 담아 전업 작가가 아니어도, 시간이 없어도, 유명하지 않아도 책을 낼 수 있는 방법을 공유하기 위해 두 번째 책을 쓰게 되었다. 이 책을 읽고 틈틈이 실천한다면 누구나 책을 내고 저자가 될 수 있다고 확신한다.

사람들은 책을 쓰고 싶지만 대부분 시간이 없어서 못 쓴다고 한다. 그러나 카카오톡 메시지 주고받을 시간만 조금 줄여도 자기 이름으로 된 멋진 책을 낼 수 있다. 자기 이름으로 된 책을 갖는다는 것은 정말 가슴 설레는 일이다. 네이버에 자신의 이름을 검색했을 때 자신이 쓴 책과 함께 이름이 나오는 것만으로도 충분히 도전해볼 가치가 있을 것이다. 그리고 운이 좋아 많은 사람이 책을 본다면 경제적인 부는 덤으로 얻을 수 있을 것이다.

물론 책 한 권 냈다고 인생이 완전히 바뀌는 것은 아니다. 그러나 적어도 변화된 삶의 시발점은 될 수 있다. 책을 내고 유명해진 많은 사람이 이렇게 시작했고 지금도 많은 사람이 책을 통해 제2의 인생을 열고 있다. 더 이상 미루지 말고 지금 바로 시작해보자.

부동산을 하는 사람들은 "땅값은 오늘이 가장 싸다"고 말한다. 글을 쓰는 나는 이렇게 말하고 싶다.

"책 쓰기를 시작하기에는 오늘이 가장 좋은 날이다."

책 쓰기를 통해 유명해진 사람들

▶ 백종원 대표: 요식업과 식당 운영 관련 책으로 이름을 알렸으며, 이를 바탕으로 지금은 연예인보다 더 많은 TV프로그램에 출연 중이다.

▶ 구본형 작가: 평범한 직장인이었지만 자기계발의 일환인 자기변화 경영 관련 주제로 《그대 스스로를 고용하라》, 《익숙한 것과의 결별》을 출간하면서 베스트셀러 작가가 되었으며, 구본형변화연구소를 설립하여 많은 후배 작가들을 배출했다. 지금은 고인이 되셨지만 여전히 많은 작가가 꼽는 인생 최고의 멘토 중 한 명으로 기억되고 있다.

▶ 이지성 작가: 초등학교 교사에서 《꿈꾸는 다락방》으로 베스트셀러 작가가 되었으며 지금도 왕성하게 활동한다.

▶ 박웅현 작가: 광고인에서 《여덟 단어》, 《책은 도끼다》로 베스트셀러 작가가 되었으며 지금도 왕성한 활동을 이어가고 있다.

▶ 김미경 대표: 《아트 스피치》를 펴내면서 전 국민에게 스피치 전문가로 인정받았으며, 지금은 150만 구독자를 보유한 유튜브 채널을 통해 왕성한 활동 중이다.

▶ 김성오 작가: 일반 약사에서 《육일약국 갑시다》를 내고 마케팅 능력과 경영 능력을 인정받아 현재는 메가스터디 부회장으로 일하고 있다.

▶ 전안나 작가: 사회복지사로 활동 중 《1천 권 독서법》을 집필 후 지금은 강연 활동을 하고 있으며 '하루한권책밥'을 설립하여 운영 중이다.

책을 쓰면서
얻을 수 있는 것들

학창 시절 좋은 대학을 가기 위해 열심히 공부를 하고, 대학에 가서는 또 다시 좋은 직장에 가기 위해 스펙을 쌓느라 인생이 고단하다. 이렇게 초등학교부터 취직할 때까지 쏟아부은 12년간의 열정과 에너지는 실로 막대할 것이다. 꽃다운 나이를 다 바쳤으니 어찌 보면 가혹하기도 하다. 더 큰 문제는 이렇게 힘들게 들어온 직장 생활에 대부분 만족하지 못한다는 데 있다. 구인구직 사이트 사람인에서 설문 조사한 결과를 보면 전체 퇴사자의 48.6%가 1년 미만의 신입 사원이라고 한다.

어렵게 들어온 직장에서 대부분의 사람들은 만족을 못하고 현실에 불만을 갖는다. 그러나 삶의 경로를 바꿀 때 지불할 대가가 너무 두려운 나머지 현실에 안주하며 기꺼이 참고 살아간다. 사실 마음먹기에 따라서 변화가 그렇게 두렵거나 리스크가 크지 않을 수도 있다. 작은 습관 하나만 바꿔도 우리의 삶은 크게 달라질 수 있다. 우리에게는, 당장은 변화를 느끼지 못하지만 계속해서 누적되는 시간의 힘이 있기 때문이다. 일단 어떤 일을 시작하기만 하면 시간은 늘 우리를 단단하게 만들어준다. 의식하면 힘이 들게 마련이다. 힘이 들면 오래 가지 못하고 포기하게 된다. 오래 가기 위해서는 삶의 일부로 만들어야한다.

같은 일을 해도 수학의 덧셈, 곱셈을 공부한다고 하면 그 시간이 매우 고통스럽다. 그러나 스도쿠같이 게임이라고 생각하면 시간 가는 줄 모르고 할 수 있다. 리스크를 최소화하면서 더 풍요로운 방향으로 삶을 바꾸는 방법은 어찌 보면 간단하다.

1) 경제적으로 도움이 될 만한 일 중 잘하거나 좋아하는 일을 찾는다. 단 실패해도 감당할 수 있는 정도의 일이어야 한다.

2) 그 일을 어떻게 하면 즐겁게 할 수 있는지 방법을 생각한다. 로버트 기요사키는 부동산을 보기 위해 일부러 시간을 낸 것이 아니라 아침에 운동 겸 조깅을 하면서 부동산을 확인했다. 철강왕 카네기는 인맥을 쌓을 시간이 없어 휴식시간에 사람을 만났다. 이처럼 해야 할 일을 좋아하는 일로 바꾸는 기술이 필요하다.

3) 시간을 확보한다. 시간이 없다는 것은 핑계다. 우리는 그 어느때보다 개인의 자유시간이 보장되는 사회와 시대에 살고 있다. 영어

를 잘하고 싶으면 화장실 갈 때 혹은 출·퇴근할 때 의미 없이 동영상을 보거나 쇼핑을 하지 말고 짧게라도 영어 공부를 해보자. 자투리 시간을 잘 활용하는 것만으로도 영어 고수가 될 수 있다(물론 시간은 조금 걸린다).

위에서 말한 '삶을 바꾸는 방법'에 우리가 책을 써야 하는 이유를 대입해보면 다음과 같다.

1) 실패해도 리스크가 전혀 없다. 책을 쓰느라 시간을 들이기는 했지만 책을 쓰면서 보낸 시간은 개인의 삶에 도움이 되면 됐지 피해를 주지는 않는다.

2) 누구나 책을 쓸 글감을 가지고 있다. '사람은 누구나 마음에 책 한 권은 품고 산다'는 말이 있듯이 누구나 바로 시작해서 책을 쓸 수 있다. 이 세상에 똑같은 삶을 사는 사람은 한 명도 없다. 자신의 평범한 일상도 남에게는 특별한 관심거리가 될 수 있다.

3) 현재 하는 일 혹은 앞으로 할 일에 대해 높은 시너지를 기대할 수 있다. 예전에 비해 책을 쓰는 사람들은 많지만 여전히 책을 쓰면 전문가로 인정받을 수 있다. 자신이 하는 일을 책으로 쓰면 빈틈이 있던 지식이 메워지면서 더욱 탄탄한 실력을 갖출 수 있다.

4) 시간과 장소에 관계없이 책을 쓸 수 있다. 휴대폰만 있으면 언제 어디서나 생각을 정리하고 글을 쓸 수 있다.

5) 잘하면 큰 부자가 될 수 있다. 사실 책 한 권 낸다고 당장 부자가

되기는 쉽지 않겠지만 아주 불가능한 일은 아니다. 간혹 신인 작가가 몇십만 부씩 판매하는 사례도 있기 때문이다. 어찌 되었던 기약 없이 운에만 맡기는 복권보다는 훨씬 확률이 높다.

6) 자신의 지식을 정리하는 기회가 될 수 있다. 어떤 분야를 가장 빨리 배우는 방법은 남을 가르치는 것이다. 혼자 대충 알고 있는 것과 불특정 다수에게 자신의 지식을 알려준다는 것은 매우 다르다. 따라서 책을 쓰는 동안 지식을 뒷받침하기 위해 많은 학습이 필요하며 이를 통해 지식의 깊이가 깊어지고 정확도가 높아지게 된다.

7) 퍼스널 브랜딩이 가능하다. 같은 회사에서 같은 업무를 하더라도 책을 낸 사람은 '전문가'로 불리고 책을 내지 않은 사람은 '직원'으로 불린다. 강연을 해도 책을 낸 저자가 책이 없는 사람보다 3배 이상 높은 강연료를 받는다.

8) 큰 성취감을 느낄 수 있다. 글을 쓰는 일이 단거리 달리기라면 여러 글을 묶어 책을 내는 일은 마라톤에 비유할 수 있고, 많은 사람과의 협업이 필요한 일이다. 책을 한 권 내고 나면 큰 성취감을 느낄 수 있다. 고통이 크면 해냈을 때 성취감도 비례해서 크다.

9) 자아성찰의 시간이 될 수 있다. 한 권의 책을 내기까지는 초고에서부터 완성까지 짧게 잡아도 1년의 시간이 걸린다. 1년 동안 쉬지 않고 집중하면서 자신의 삶을 돌아보고 성장할 수 있다.

10) 책을 통해 인맥이 넓어진다. 부자가 되고 싶으면 부자들과 친해지라는 말이 있다. 책을 낸다는 게 돈이 목적은 아니지만 새로운 인

맥과 기회를 얻을 수 있는 매개체인 것은 분명하다. 책을 내면 전문성을 인정받을 수 있기 때문에 평소에 다가갈 수 없었던 부류의 사람들과 새로이 연결될 수 있고, 이를 바탕으로 더 많은 인맥을 만들 수도 있다.

이밖에도 우리가 책을 쓰면서 얻을 수 있는 것은 너무나 많다. 실패에 대한 아무런 대가가 없는 책 쓰기에 도전하지 않고 불평만 하기에는 우리 인생이 너무나도 짧다. 지금 당장 휴대폰 혹은 노트북을 켜고, 종이를 꺼내어 글쓰기를 시작해보자. 책 쓰기에 가장 적합한 시간은 바로 이 순간이다. '한 번 사는 인생, 후회는 없이 살아야 한다'가 나의 철학이다. 책 쓰기는 이런 도전의 작은 시발점이 될 수 있다.

명함 대신
책을 줘라!

사회생활을 하다보면 많은 사람을 만나게 된다. 처음 만났을 때 서로 자기 소개를 하면서 우리는 보통 명함을 주고받는다. 관계 맺기에서 첫인상은 중요하다. 어떻게 하면 첫인상을 남들과 다르게, 좀 더 좋게 만들 수 있을지 고민하게 된다.

명함 대신 책을 주면 어떨까? 명함은 누구나 주고받기 때문에 특별히 기억되지 않는다. 그러나 책을 주면 이미지가 급상승할 수 있다. 책을 쓰는 사람이 예전보다는 많아졌지만 주변에서 쉽게 찾아볼 수 있는 것은 아니기 때문에, 아직까지는 희소성이 있다. 그것도 직장인이 책을 냈다고 하면 성실한 이미지를 줄 수 있고 책의 주제가 업과 관련이 있으면 전문성을 인정받을 수 있다. 다만 처음 만난 자리에서

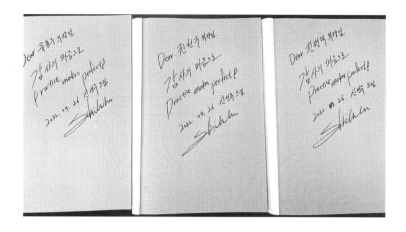

명함 대신 책을 주면 오히려 역효과를 낼 수 있으니 조심해야 한다. 두세 번 만난 후 안면이 있는 자리에서 주는 것이 효과적이다.

책을 줄 때는 책 내용과 연관 있는 문구와 서명을 해주면 더 좋다. 저자에게 직접 받은 책이기 때문에 받는 사람이 더 특별하게 생각할 수 있다. 그리고 화제가 책 이야기로 자연스럽게 넘어가기 때문에 만난 지 얼마 안 된 사람들과 좀 더 빨리 가까워질 수 있다.

또한 명함 대신 책을 주면 자신의 전문성을 크게 어필할 수 있고 이런 이미지는 많은 면에서 도움이 된다. 책 쓰는 과정은 논문을 쓰는 과정과도 비슷한 부분이 있다. 자료를 모으고 검증하는 과정이 있기 때문에 전문성을 인정받는 것이다.

나는 첫 책인 영어책을 쓰기 전에는 '영어를 조금 잘하는 사람'으로 인식되었다. 그러나 영어책을 출간하고 주변 사람들에게 선물로 책을 주면서부터는 '영어 전문가'로 인정받기 시작했다. 책을 쓰기 전과 후의 나의 영어 실력은 큰 차이가 없었다. 그러나 책을 쓴 후부터는 영어 얘기가 나오면 나의 전문성을 인정받을 수 있었다.

사실 내가 영어책을 쓰게 된 동기도 여기에 있다. 회사에서 내 업무는 해외영업이었는데 내가 진행하던 중요한 프로젝트를 다른 사람에게 넘겨야 했던 적이 있다. 그 사람이 나보다 영어를 잘한다는 이유였다. 그는 유럽인이었고, 같은 영어를 써도 나보다 훨씬 잘하는 것처럼 보였다. 그래서 내 전문성을 인정받기 위해 영어책을 썼고 출간 후에는 많은 부분에서 도움이 되었다.

어느 순간부터는 굳이 책을 선물하지 않아도 주변 사람들이 나를 '영어책 쓴 작가님'이라고 소개를 해주기 때문에 모르는 사람들에게도 전문성을 인정 받을 수 있었다. 내가 직접 쓴 책 한 권은 받은 후 잊어버리는 명함보다 훨씬 효용 가치가 높다고 할 수 있다.

● 책 쓰기로 시작하는 퍼스널 브랜딩

명함 대신 책을 준비한다는 의미는 혹시 모를 회사 밖에서의 삶을 준비하는 데에도 도움을 준다. 직장 생활을 하던 사람들이 갑작스럽게 퇴직을 하면 대부분 프랜차이즈 요식업을 창업한다고 한다. 그중에서도 가장 많이 하는 것이 치킨집일 것이다.

나도 한때 요식 사업을 하는 것이 꿈이었다. 그래서 현장 경험을 쌓겠다고 아르바이트를 했던 적이 있다. 이 경험을 통해 요식 사업은 보기보다 훨씬 어렵다는 것을 알게 되었다. 음식을 파는 시간만 투자하는 것이 아니다. 음식을 준비하기 위해서는 새벽부터 장을 봐야 하고 재료를 다듬고 준비해야 하며, 판매 시간이 끝나면 또 다음 날을 위해 뒷정리를 해야 한다. 그리고 무엇보다 주말, 휴일, 밤낮 없이 일해야 한다. 정말 좋아서 시작을 해도 고달픈 일이다. 퇴직을 맞은 사람들이 모두 요식업을 꿈꾸지는 않았을 것이다. 퇴직금 정도의 소자본으로 시작할 수 있기 때문에 하는 것이다. 그러나 퇴직금을 모두 날리는 데 그리 오랜 시간이 걸리지 않을 수도 있다.

회사에 다니면서 자신의 전문 분야에 관해 책을 쓴다면 퍼스널 브랜딩이 가능하다. 이는 퇴직금을 날릴 염려가 없는 안전한 투자이며 책을 한 권 쓸 때마다 본인 스스로 거머쥔 근사한 명함이 한 장씩 쌓여가는 일이다.

이 책을 읽는 당신도 '진짜 명함'인 책을 쓰길 바란다.

하루 30분
프레임 책 쓰기

일반인의
책 쓰기 기술

이제부터 본격적으로 일반인의 책 쓰기에 대해서 설명하려고 한다. 일반인의 책 쓰기는 전업 작가의 책 쓰기 과정과 같지만 방법은 다르다. 전업 작가는 보통 정해놓은 시간에 책을 쓴다. 많은 전업 작가가 책을 쓰는 비결을 '자신만의 루틴'이라고 설명한다. 책 쓰기의 핵심은 그날의 컨디션이 아니라 계속할 수 있는 끈기이기 때문이다.

그러나 우리가 직장을 다닌다면(혹은 전업주부이거나 학생이라면) 시간을 마음대로 정해서 사용할 수 없다. 그나마 우리의 의지대로 쓸 수 있는 시간은 출근 전 시간일 것이다. 이마저 회사에 문제가 생기거나 출장을 간다면 우리가 컨트롤할 수 없다.

직장인처럼 시간을 일정하게 쓸 수 없으면 책을 쓸 때 무슨 문제가 생길까? 책은 250페이지에서 많게는 300페이지 넘게 글을 써야 하며 이런 글이 같은 방향성과 주제로 일관성이 있어야 한다. 즉 책 한 권을 관통하는 메시지는 같아야 한다.

그래서 연속성이 중요하다. 적은 양이라도 매일 글을 써서 생각을 이어가는 것이 중요하다. 일주일에 한두 번 혹은 생각날 때만 조금씩 써서는 책 한 권을 완성하기 어렵다. 따라서 불규칙한 글쓰기 시간을 가진 일반인이 책을 쓰기 위해서는 다음 두 가지가 선행되어야 한다.

1. 규칙적인 글쓰기 시간을 확보해야 한다

대부분 직장인은 저녁에 잔업, 고객과의 약속 및 인적 네트워크를 넓히는 데 시간을 써야 하므로 방해받지 않는 아침 시간을 추천한다. 규칙적인 시간은 방해받지 않는 아침이 좋지만 개개인의 성향과 특성이 다르기 때문에 각자 자신만의 시간을 확보해야 한다.

2. 흐름이 끊어졌을 때, 빠르게 책 쓰기로 돌아가는 방법을 마련하자

이 부분은 최대한 자세하게 목차를 정리함으로써 해결할 수 있다. 꼼꼼하고 탄탄하게 정리된 목차는 책 쓰기 흐름이 끊어졌을 때 내가 어느 부분에서 어떻게 쓰고 있었는지를 빠르게 찾아갈 수 있게 도와준다. 나도 이 책을 쓰다가 흐름이 일주일 이상 끊겼는데, 잘 정리된 목차가 있었고 내가 어느 장에서 무슨 내용을 어떤 의도로 쓰고 있었는지 금방 찾을 수 있었기 때문에 곧바로 다시 쓸 수 있었다.

목차 정리를 마치고 A3 크기로 인쇄한 후 늘 지니고 다니며 읽다 보면 내가 쓰고 있는 책의 전체 구성을 머릿속으로 그릴 수 있다. 그러면 글을 쓰지 못하는 공백이 발생하더라도 빠르게 방향을 잡고 다시 써나갈 수 있다. 다만 이렇게 하기 위해서는 뒤에서 설명하는 프레임 책 쓰기 방식으로 목차가 정리되어 있어야 한다.

● 우리는 이미 책을 쓰기 위해 필요한 기술을 모두 알고 있다

처음 책을 쓰려고 마음을 먹었을 때 조금 막막한 것은 사실이다. 그러나 너무 걱정할 필요는 없다. 우리는 이미 책을 쓰는 데 필요한 모든 기술을 알고 있기 때문이다.

대부분의 직장인은 회사에서 보고서나 기획서 형태로 많은 글을 쓰고 있기 때문에 글쓰기의 구조를 이해하고 있다. 논리적인 글이 아니라면 회사에 받아들여지지 않기 때문이다. 거창하게 보고서, 기획서가 아니더라도 우리가 만나는 고객 혹은 업무 관계자들에게 설명이나 설득을 하기 위해서 이메일을 쓰고 있을 것이다. 이런 모든 것이 책을 쓰기 위한 글쓰기 능력과 크게 다르지 않다. 그러니 자신감을 가져도 좋다. 또한 필요시에 책에 넣는 도표나 그림은 회사에서 사용하는 엑셀이나, 파워포인트 정도면 모두 작성할 수 있다. 조금 더 욕심을 부린다면 이미지 등을 편집할 수 있는 포토샵 정도만 알아도 혼자서 책을 완성할 수 있다.

　책을 쓰기 위해 기술을 추가로 배워야 한다는 걱정은 하지 않아도 좋다. 앞으로 소개할 '프레임 책 쓰기'를 따라 하면 누구나 6개월 안에 책을 쓸 수 있다고 확신한다.

Step 1.
무엇을 쓸까?

누구나 책을 쓸 수 있지만 아무나 책을 쓸 수 있는 것은 아니다.

책을 쓰기로 마음을 먹은 후 가장 먼저 해야 할 일은 무엇을 쓸지 정하는 일이다. 그러나 주제를 정하는 일은 생각보다 쉽지 않다. 누군가가 돈과 시간을 투자해 내 책을 보기 때문에 그에 상응하는 가치를 줘야 한다는 중압감 때문일 수 있고, '내가 남들보다 잘하는 것이 무엇일까?' 하는 고민일 수도 있고, '내가 잘하는 일에 대해서 써야 하나 아니면 내가 좋아하는 일에 대해 써야 하나?' 하는 고민일 수도 있다.

책을 쓰는 목적에서 중요한 요소는 책의 판매일 것이다. 책을 많이 팔기 위해서는 대중성이 있어야 한다. 이런 관점에서 보면 주제를 어떻게 정해야 하는지가 명확해진다.

주제를 정할 때는 무조건 독자의 입장에서 생각해야 한다. 우리가 책을 읽는 이유는 여러 가지지만 대부분은 유·무형의 가치를 얻기 위함이다. 따라서 내가 쓰는 책의 내용이 독자에게 가치를 줄 수 있어야 좋은 책이고 많이 팔릴 가능성이 높아진다. 다음과 같은 관점에서 주제를 정하면 좋다.

● 내가 남들보다 잘하는 분야가 무엇일까?

돈을 내서 책을 사 보는 이유는 앞서 말한 대로 가치를 얻기 위함이다. 이를테면 예쁘고 건강한 몸을 만들고 싶은데 시간이 없어 집에서 운동을 하고 싶은 사람들은 홈트(홈트레이닝)와 관련된 책을 볼 것이다. 홈트 관련 책을 쓰기 위해서는 다음과 같은 조건이 필요하다.

먼저, 저자가 남들이 봤을 때 인정할 만한 몸매를 유지해야 한다. 뚱뚱하고 배가 나온 사람이 이런 책을 쓴다면 사람들은 자기 몸도 관리 못하면서 누가 누구한테 설명을 하느냐고 비웃을 것이다. 즉 책의 주제에 걸맞은 객관적인 실력을 갖추고 있어야 한다.

또, 저자가 전문성을 갖추어야 한다. 다른 사람에게 노하우를 전달하기 위해서는 그 분야의 전문가가 되어야 한다. 단순히 몸이 예쁜 정도가 아니고 최고 수준이어야 한다. 최고 수준의 전문가가 되기 위해서는 누구보다 많은 시간을 해당 분야에 쏟아야 한다. 개인차는 있겠지만 많은 시간과 열정을 쏟은 사람이 그렇지 않은 사람에 비해 많은 지식과 노하우를 가질 수밖에 없기 때문이다.

이런 관점에서 봤을 때 우리가 선택할 수 있는 주제는 우리가 하고 있는 일과 관련될 수밖에 없을 것이다. 우리는 싫든 좋든 하루에 8시간 정도는 일하는 데 쓴다. 따라서 우리는 이미 자신이 하고 있는 일에 전문가일 가능성이 매우 높다. 성공한 작가를 보면 직간접적으로 자신의 일과 연관성이 있는 주제를 정해서 책을 쓰고 이를 바탕으로 해당 분야의 전문가로 인정받는 선순환 구조를 만들고 있다.

● 좋아하는 일? 잘하는 일? 어떤 것을 주제로 해야 할까?

직업은 인생에서 정하기 힘든 일 중 하나다. 돈도 많이 벌 수 있고 잘할 수 있지만 재미없는 일, 돈은 안 되지만 열정이 넘치고 재미있는 일 사이에서 우리는 늘 고민한다. 중국집에 가서 '짜장면을 먹을까, 짬뽕을 먹을까?' 선택하는 것보다 어려운 일이다. 짜장면을 시키면 남이 시킨 짬뽕이 맛있어 보이는 것이 인생이다.

책을 쓸 때도 우리는 선택을 해야 한다. 좋아하는 일과 잘하는 일에는 각각 장단점이 있다.

잘하는 일을 선택하면 글을 쓰기가 매우 편하다. 이미 해당 분야의 전문가이기 때문에 거침없이 글을 써나갈 수 있고, 지식이 많기 때문에 어떤 정보를 찾아서 이용해야 하는지도 안다. 그러나 만약 그 일을 사랑하지 않는다면 글을 쓰다가 열정이 식어 중도에 포기할 가능성이 매우 높다.

반대로 좋아하는 일을 주제로 선택하면 어떨까? 좋아하는 일을 주제로 정하면 글을 열정적으로 쓸 수 있다는 장점이 있지만 단점 또한 크다.

업으로 하는 일이 아니기 때문에 저자가 해당 분야의 전문가가 아닐 가능성이 매우 높다. 전문가가 되려면 대략 5~10년 정도 해당 분야에서 시간을 보내야 한다. 따라서 비전문가 입장에서 전문가 수준의 내용을 담아 책을 쓰기 위해서는 뼈를 깎는 노력이 수반되어야 한다. 이런 노력이 누군가에게는 평범한 일상이기 때문에 전문성을 갖추기가 어려울 수도 있다. 내가 좋아하는 HUN 작가의 웹툰 〈나빌레라〉를 보면 늦은 나이에 발레를 배우는 주인공이 하는 대사가 나온다.

"개인의 노력은 지극히 개인적이다. 보통보다 한참 웃도는지, 못 미치는지 정작 본인이 알기 힘든… 오늘 나의 최선이 누군가에겐 평범한 일상일 수도 있다."

우리는 흔히 '최선을 다해', '열심히'라는 함정에 빠진다. 목적을 위해 어떤 일을 하는 사람들은 모두 열심히 한다. 그러나 누군가는 성공을 하고 누군가는 실패를 한다. 우리가 업이 아닌 좋아하는 일을 선택했을 때 가장 경계해야 하는 부분이 바로 이것이다. 즉 좋아하는 일을 열심히 해도 전문가 수준에 도달하지 못할 위험이 매우 크다는 것이다.

책 쓰기 주제를 정하는 데 정답은 없지만 다음과 같은 기준을 고려하면 좋다.

> ▶ 지금 하는 일에서 전문가로 인정받고 업의 연장선상에서 책을 쓰고 싶은 사람 → 자신이 잘하는 일을 주제로 선정
> ▶ 지금 하는 일은 책을 쓸 정도로 대중적이지도 않고 좋아하지도 않아 제2의 인생으로 좋아하는 일을 준비 중인 사람 → 자신이 좋아하는 일을 주제로 선정

위 두 가지 영역은 명확히 나눌 수 없기 때문에 섞이기도 한다. 내가 선택한 주제가 그 대표적인 예다.

나는 직장 생활을 20년 가까이 하면서 독서를 꽤 많이 했으며, 힘든 시기를 이겨내기 위해 자기계발 분야의 책을 많이 읽었다. 그러던 어느 날 책을 쓰고 싶다는 마음이 들어 내가 좋아하는 분야의 책을 쓰기로 마음을 먹었다. 업으로 하는 일 다음으로 시간을 많이 쏟은 분야

가 자기계발서 읽기였기 때문에 자기계발을 주제로 책을 쓰기 시작했다. 처음 쓰는 책이라 약 2년 가까이 걸렸다.

그러던 어느 날 문득 이런 생각이 들었다.

'자기계발서는 성공을 꿈꾸는 사람들이 읽는 책인데 객관적으로 내 인생을 성공했다고 말하기에는 많이 부족하다. 물론 나는 만족하면서 살고 있지만 책을 쓸 정도로 성공한 것은 아니다. 말하자면 내가 운동을 열심히 해서 균형 잡힌 몸을 가지고 있지만 손 리처럼 대중 앞에 나와 운동을 강조할 만한 몸은 아니지 않나?'

이런 생각이 들기 시작하니 더 이상 책을 쓸 수 없었다. 이렇게, 잘못된 주제 선정으로 나의 첫 책 쓰기는 실패로 돌아갔다. 출간되지 못하고 컴퓨터 폴더에만 존재하는 내 첫 책의 제목은 《내 인생의 터닝 포인트를 찾아라》였다.

첫 번째 책 쓰기에 실패한 이유는 내가 해당 주제로 책을 쓰기 위한 충분한 자격이 없었기 때문이다. 내 삶을 자랑스럽게 생각하는 것과 다른 사람들이 인정해주는 자격은 별개다. 이 부분에는 조금 냉정해져야 할 필요가 있다. 첫 실패를 딛고 두 번째 책을 쓰기까지 많은 고민을 했다. '내게 자격이 있는 글쓰기 주제는 무엇일까?' 내가 지금 종사하고 있는 분야에 대한 책을 쓰면 되겠지만 불행히도 내가 하고 있는 일은 대중이 별로 알고 싶어하는 일이 아니었다. 당시 나는 산업 소재의 국내 및 해외 판매를 담당하고 있었다. 이 주제로 책을 쓰기에는 타깃 독자가 많지 않을 것 같아 난감했다.

주제를 찾기 위해 다음으로 한 일은 큰 전지를 사서 내 삶에 대해 손으로 적어보는 일이었다. 머릿속에 있는 생각을 꺼내서 종이에 적어 형상화하면 생각이 정리된다. 기업에서도 많이 활용하는 '마인드맵' 기법이다.

마인드맵을 작성해보니 내가 많은 시간을 쓰고 있는 일, 객관적인 전문성을 확보한 일, 다른 사람에게 가치를 줄 수 있는 일, 대중성이 있어 책의 판매로 이어질 수 있는 주제를 찾을 수 있었다. 이렇게 선정한 주제로 쓴 책이 《한 시간에 끝내는 영어 말하기의 모든 것》이었다. 나는 다음과 같은 사고 과정으로 첫 책의 주제를 선정했다.

1. 업을 제외하고 내가 가장 시간을 많이 쏟는 일은 무엇인가?

당시 나는 해외 업무를 담당하고 있었기 때문에 부족한 영어 공부에 많은 시간을 쓰고 있었다. 해외 영업은 계약서를 작성하고 고객에게 제품을 소개하고 여러 가지 복잡한 이해관계를 영어로 설명해야 하기 때문에 생활영어보다 높은 수준의 영어 실력이 요구되었다.

2. 다른 사람에게 전달할 가치가 있는가?

나름 영어 공부를 오랫동안 꾸준히 했지만 해외 영업을 하면서 영어가 부족하다고 느꼈고 그중에 가장 부족한 부분이 영어 발음이었다. 나를 포함한 대부분의 한국인은 문법 위주의 교육을 받았기 때문에 문법 실력은 대체로 양호하나 상대적으로 말하기 훈련을 많이 하지 않아 발음에 문제가 있는 경우가 많다. 체계적으로 영어 발음 공부를 해보려고 했지만 교육과정을 찾기도 어렵고, 있다고 하더라도 발음 교정 과정은 가격대가 높아 접근하기가 쉽지 않았다. 따라서 나와 같은 고민을 하고 있는 사람들에게 이런 노하우를 전달하면 충분히 가치가 있을 것이라고 생각했다.

3. 객관적으로 나에게 책을 쓸 자격이 있는가?

첫 번째 책 쓰기에서 실패를 경험했기 때문에 이 부분에서 많은 고민을 했다. 내가 한국에서 영어를 가장 잘한다고 말할 수 없기 때문에 내가 기존과 같은 영어 학습서를 써서는 안 된다고 생각했다. 따라서 내가 쓴 책은 학습서가 아니라 한국에서 영어를 공부한 사람들이 어떻게 하면 영어를 잘 말할 수 있는지에 대한 책이 되어야 했다.

나는 영국 어학연수를 다녀와서 해외 영업 시 어떻게 하면 좀 더 명확한 의사 전달을 할 수 있을지 적어도 20년 넘게 고민했고 훈련해왔다. 그리고 이를 바탕으로 지금 여러 글로벌 회사와 영어로 업무를 진행하고 있기 때문에 객관적인 자격은 확보했다고 생각했다. 영어는 원어민이 가르칠 수 있는 부분이 있고 한국 사람이 가르칠 수 있는 부분이 있다. 이런 관점에서 나도 누군가에게 영어 공부 노하우를 전달할 수 있다고 생각해서 주제를 정했다.

　이처럼 마인드맵을 활용해서 자신의 인생을 돌아보고 잘하는 일, 좋아하는 일 사이에서 고민해보면 누구나 다른 사람들에게 전달할 가치가 있는 주제를 선정할 수 있다.

● OSMU가 가능한 주제를 선정하라!

책을 안 써도 당장 삶이 어려워지는 것은 아니기 때문에 중도에 포기하기가 매우 쉽다. 강한 동기 부여와 의지가 수반되어야 한 권의 책을 출간할 수 있다. 이렇게 어렵게 출간된 책이라면 경제적으로 보상도 받을 수 있어야 하며, 이런 보상은 다음 책을 집필하는 원동력이 된다.

　이런 관점에서 볼 때 책 쓰기 주제는 내가 책을 쓴 것으로 끝나지 않고 추가로 활용이 가능한 주제이면 더욱 시너지 효과가 높다. 예를 들어 부동산업에 종사한다고 생각해보자. 사람들은 부동산에 관심이 높기 때문에 해당 분야의 책을 쓰면 대중성과 전문성을 확보할 수 있다. 또 책이 출간되면 해당 분야에서 더욱더 전문가로 인정받을 수 있고, 이런 배경을 통해서 강연 의뢰를 받을 수도 있다. 강연을 하는 동안 녹화를 해서 유튜브나 각종 SNS에 홍보하면 책과 함께 자신의 가치를 높일 수 있다. 또한 이런 내용을 정리해서 블로그 활동을 하고 이런 블로그 활동을 기반으로 다시 강좌를 개설하고 부가 수입을 얻는다. 실제로 많은 전문가들이 이런 구조로 수익을 극대화하기도 하고 시너지를 통해 다양한 콘텐츠를 확보하기도 한다. 이런 수단으로 보면 책은 훌륭한 도구인 셈이다.

요즘은 직업이 하나인 사람보다는 다양한 일을 하는 'N잡러'가 각광받는 시대다. 퍼스널 브랜딩을 통해 경제적 부를 이루는 사람들을 보면 유튜브, 블로그, 인스타그램, 강연 등 다양한 활동을 한다. 제한된 시간에 여러 가지 활동으로 경제적인 부를 이루는 사람들의 특징을 보면 '원 소스 멀티 유즈One Source Multi Use, OSMU'를 잘 활용한다는 것이다. 우리에게 주어진 시간은 동일한데 누군가는 많은 일을 하고 어떤 사람은 한 가지만 하기도 벅차다. 한 사람이 여러 가지 일과 활동을 하기 위해서는 매번 다른 콘텐츠를 만드는 것보다 하나를 잘 만들어 여기저기 활용하는 것이 최선이다.

부동산을 업으로 하는 사람이 낮에는 일을 하고 밤에는 취미로 그림을 그린다고 생각해보자. 그리고 그림을 바탕으로 유튜브 활동을 하고 책도 쓴다. 물론 이렇게 할 수도 있지만 시간과 노력이 분산되고 만다. 그러나 주변을 보면 심지어 서너 가지 다른 주제로 활동하려는 사람들이 많다. 여러 가지 재능이 있어서라기보다는 어느 것 하나 선택을 못 하는 것처럼 보인다. 여러 가지 일을 하면 제한된 시간으로 인해 전문성이 떨어질 수밖에 없다. 누군가에게 가치 있는 지식을 전달하기 위해서는 해당 분야에 그 누구보다 많은 시간을 쏟아부어

야 한다. 한 가지도 벅찬데 서너 가지 주제에 시간을 분산해서는 그만
큼 성공할 수 있는 확률이 낮아진다. 따라서 많은 시간과 노력을 들여
쓰는 책이 빛을 발하기 위해서는 OSMU가 가능한 주제를 선택해야
한다.

　책 쓰기 주제를 너무 어렵게 생각하지 말고 일단 큰 종이 위에 자
신의 삶을 하나하나 적어보자. 그리고 좋아하는 일, 잘하는 일, 시간
을 가장 많이 쓰는 일이 무엇인지 고민해보고 자신이 남들에게 인정
받는 일을 바탕으로 가치를 전달할 수 있는 나만의 일이 무엇인지 찾
아보자. 사소한 일이라도 상관없다. 나에게 전문성이 있고 전달할 만
한 가치만 있으면 된다.

책 쓰기 주제의 선정 방법과 고려사항

▶ 마인드맵으로 내 삶을 돌아보기

▶ 내가 가장 많은 시간을 쓰고 있는 일은 무엇인가?

▶ 잘하는 일과 좋아하는 일 중 어떤 주제를 선택할 것인가?

▶ 다른 사람에게 줄 수 있는 나만의 핵심 가치는 무엇인가?

▶ OSMU가 가능한 주제인가?

Step 2. 클러스터 기법:
주제를 중심으로 생각 펼치기

어떤 내용을 쓸지 정했다면, 다음에 할 일은 주제를 중심으로 생각을 펼치는 일이다. 주제를 정하고 글을 바로 쓰려고 하면 생각이 뒤죽박죽 섞여 뭐부터 해야 할지 잘 모른다. 이럴 때 생각을 정리하는 방법을 '클러스터 기법'이라고 한다. 용어가 어렵게 들릴 수 있지만 그냥 큰 종이 가운데 주제를 적어 놓고 주제와 연관되어 떠오르는 생각들을 주변에 적으면 된다.

이 과정에서 마인드맵을 활용하는 경우도 있으나 마인드맵은 훈련이 되지 않으면 생각보다 사용하기가 어렵기 때문에 생각을 펼치는 수준의 클러스터 기법만으로도 충분히 목차를 완성할 수 있다.

클러스터 기법과 마인드맵은 유사하면서 다르다. 마인드맵은 구조가 복잡해 글쓰기에 쉽게 적용하기 어려운 반면, 클러스터 기법은 중심이 되는 생각을 종이 가운데 쓰고, 자유연상으로 생각을 펼쳐나가기 때문에 생각보다 간단하다. 중심이 되는 생각에서 브레인스토밍 형식으로 머릿속에 있는 아이디어를 펼쳐가면 된다. 클러스터 기법의 방법과 순서는 다음과 같다.

① 큰 종이 위에 중심이 되는 단어를 적는다.
② 중심이 되는 단어를 기준으로 연상되는 생각을 펼친다.
③ 연상된 단어들을 원을 그려 중심 단어와 연결한다.
④ 머릿속 생각이 완전히 정리되고 문제의 해결 방법이 선명해질 때까지 위 단계를 반복한다.

마인드맵이나 클러스터 기법을 사용하는 가장 큰 장점은 머릿속에 정리되지 않고 흩어져 있는 생각을 중심 단어를 기준으로 형상화하여 정리하는 데 있다. 즉 마음속에 두서없이 흩어져 있는 생각의 방향을 선명하게 정리하는 것이다.

이제, 내가 첫 책에서 사용한 클러스터 기법의 사고 과정을 살펴보자. '어떻게 하면 영어를 더 잘하고 싶은 사람들에게 도움이 되는 책을 쓸 수 있을까'라는 고민에서 나의 책 쓰기는 시작되었다. 한국에서 주입식, 암기식으로 영어 공부를 한 사람들로 타깃 독자를 선정했다. 그러나 어떻게 책을 구성해야 할지 떠오르지 않고 생각과 경험의 단

편만이 머릿속에 뒤죽박죽 섞여 있었다.

생각을 정리하기 위해서 나는 큰 종이(A1 사이즈)를 꺼내 영어를 잘 하는 방법에 대해서 적어보기 시작했다. 일단 내가 영어를 왜 잘 못하는지에 대한 원인 파악을 통해 문제를 인식하는 것부터 시작했다. 그리고 '영어를 잘하기 위해서는 영어 소리를 잘 익혀야 하고 기본적인 문법과 문장구조를 이해한 후 이를 바탕으로 영어 말하기 훈련을 하면 된다'는 기본 틀을 잡았다.

머릿속으로 생각만 할 때는 막연했는데 일단 종이 위에 쓰고 나니 확실히 정리되는 느낌이었다. 다음은《한 시간에 끝내는 영어 말하기의 모든 것》이라는 책을 쓰면서 실제로 사용했던 예시다.

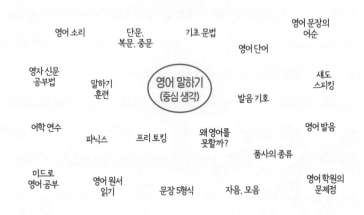

제목: 영어 말하기의 모든 것

일단 쓰려는 주제인 '영어 말하기'를 가운데 써놓고 이와 관련되어 떠오르는 생각을 최대한 많이 적는다(실세 적었던 내용은 이보다 훨씬 많았다). 이렇게 적어보니 유사한 항목도 보이고, 중복된 항목도 보이고, 빠진 부분도 보였다.

생각을 펼치는 단계에서는 브레인스토밍하듯 떠오르는 생각을 모두 여과 없이 적는 것이 중요하다. 필요 없는 부분을 걸러내고 보충하는 작업은 나중에 해도 상관없지만, 주제에 대한 아이디어가 부족하면 한 권의 책을 완성하기가 어려워진다. 클러스터 기법의 가장 큰 장점은 어지럽고 복잡한 머릿속 생각을 정리하는 데 있다.

Step 3.
유사 항목으로 그룹핑하기

클러스터 기법으로 생각을 펼쳤다면 다음에 할 작업은 유사한 항목으로 모으는 그룹핑 작업이다. 이를테면 영어 소리, 모음, 자음, 발음 기호, 파닉스 등은 모두 소리와 관계된 항목이다. 이런 유사한 항목을 서로 모으면 오른쪽의 그림과 같다.

이렇게 유사한 항목끼리 모아 각 그룹을 관통하는 메시지를 그룹명으로 만든다. 그리고 다시 살피며 중복된 항목을 걸어내거나 필요한 항목을 추가로 넣으면 된다. 이렇게 정리하면 제목은 책의 제목이 되고, 각 그룹의 명칭은 책의 장별 제목이 된다. 그리고 각 그룹에 속한 항목이 각 장에 속한 소주제인 꼭지가 된다.

그룹핑을 할 때는, 바바라 민토의《바바라 민토 논리의 기술》에 소

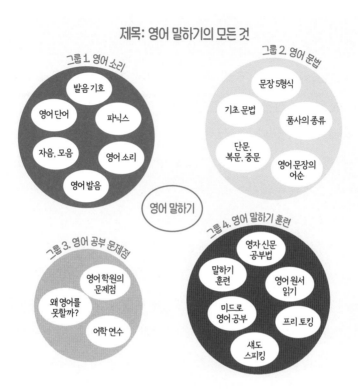

제목: 영어 말하기의 모든 것

그룹 1. 영어 소리
- 발음 기호
- 영어 단어
- 파닉스
- 자음, 모음
- 영어 소리
- 영어 발음

그룹 2. 영어 문법
- 문장 5형식
- 기초 문법
- 품사의 종류
- 단문, 복문, 중문
- 영어 문장의 어순

영어 말하기

그룹 3. 영어 공부 문제점
- 영어 학원의 문제점
- 왜 영어를 못할까?
- 어학 연수

그룹 4. 영어 말하기 훈련
- 영자 신문 공부법
- 말하기 훈련
- 영어 원서 읽기
- 미드로 영어 공부
- 프리 토킹
- 섀도 스피킹

개된 다음의 원칙을 지켜야 한다.

① 모든 계층의 메시지는 하위 그룹의 메시지를 요약해야 한다.

② 그룹 내의 메시지는 모두 동일한 종류여야 한다.

③ 그룹 내의 메시지는 언제나 논리적 순서로 배열되어야 한다.

첫 번째, 모든 계층의 메시지는 하위 그룹의 메시지를 요약해야 한다. 그룹 1은 영어 소리로 묶여 있다. 하위 그룹의 내용을 보면 발음 기호, 자음, 모음, 영어 소리 등 모두 영어의 소리로 요약될 수 있다. 여기에 영어 소리와 연관성이 없는 내용이 들어간다면 그룹을 '영어 소리'로 묶을 수 없다.

두 번째, 그룹 내의 메시지는 모두 동일한 종류여야 한다. 이 말의 의미는 그룹은 동일 주제로 묶여야 한다는 것이다. 그룹 2는 영어 문법 관련된 항목으로 묶여 있다. 따라서 그룹 2에 영어 문법과 관련 없는 영어 발음, 영어 학원의 문제점 등이 들어가면 안 된다. 물론 영어 소리나 문법 등의 그룹들도 더 상위 개념인 영어 말하기에 포함된다.

세 번째, 그룹 내의 메시지는 언제나 논리적 순서로 배열되어야 한다. 그룹 1로 예를 들면 '영어 발음의 원리 → 자음, 모음 → 파닉스 읽는 법 → 영어 단어 소리 내기'의 순서로 배열이 되어야 글을 읽는 사람이 순차적으로 이해할 수 있다. 앞에 내용을 이해해야 뒤에 나오는 내용을 이해할 수 있는데 순서가 섞여 있으면 가독성이 떨어져 이해하기 어려운 책이 된다.

Step 4.
로직 트리와 엑셀로 목차 만들기

그룹핑이 완료되었다면 다음에 할 일은 로직 트리로 배열하고 엑셀 프로그램을 이용해서 목차를 만드는 일이다. 생소하게 느껴질 수 있는 로직 트리는 그룹핑한 내용을 재배치하는 작업으로, 알고 보면 어렵지 않다.

다시 영어책으로 돌아와 그룹핑한 내용을 로직 트리로 만들면 다음과 같이 정리할 수 있다.

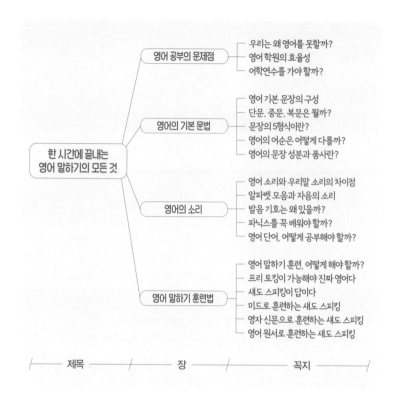

영어 공부의 문제점
- 우리는 왜 영어를 못할까?
- 영어 학원의 효율성
- 어학연수를 가야 할까?

영어의 기본 문법
- 영어 기본 문장의 구성
- 단문, 중문, 복문은 뭘까?
- 문장의 5형식이란?
- 영어의 어순은 어떻게 다를까?
- 영어의 문장 성분과 품사란?

영어의 소리
- 영어 소리와 우리말 소리의 차이점
- 알파벳 모음과 자음의 소리
- 발음 기호는 왜 있을까?
- 파닉스를 꼭 배워야 할까?
- 영어 단어, 어떻게 공부해야 할까?

영어 말하기 훈련법
- 영어 말하기 훈련, 어떻게 해야 할까?
- 프리 토킹이 가능해야 진짜 영어다
- 섀도 스피킹이 답이다
- 미드로 훈련하는 섀도 스피킹
- 영자 신문으로 훈련하는 섀도 스피킹
- 영어 원서로 훈련하는 섀도 스피킹

한 시간에 끝내는 영어 말하기의 모든 것

제목 / 장 / 꼭지

클러스터 기법으로 생각을 펼치고, 유사한 항목으로 그룹핑을 한 후 로직 트리로 표현하면 목차가 완성된다. 이제 로직 트리를 엑셀 프로그램으로 정리만 하면 다음과 같이 목차를 완성할 수 있다.

장	꼭지
1. 영어 공부의 문제점	우리는 왜 영어를 못할까?
	영어 학원의 효율성
	어학연수를 가야 할까?
2. 영어의 기본 문법	영어 기본 문장의 구성
	단문, 중문, 복문은 뭘까?
	문장의 5형식이란?
	영어의 어순은 어떻게 다를까?
	영어의 문장 성분과 품사란?
3. 영어의 소리	영어 소리와 우리말 소리의 차이점
	알파벳 모음과 자음의 소리
	발음 기호는 왜 있을까?
	파닉스를 꼭 배워야 할까?
	영어 단어, 어떻게 공부해야 할까?
4. 영어 말하기 훈련법	영어 말하기 훈련, 어떻게 해야 할까?
	프리 토킹이 가능해야 진짜 영어다
	섀도 스피킹이 답이다
	미드로 훈련하는 섀도 스피킹
	영자 신문으로 훈련하는 섀도 스피킹
	영어 원서로 훈련하는 섀도 스피킹

　글을 쓰는 동안 계속해서 위 목차를 다듬어야 하겠지만, 이렇게 간단하게 정리만 해두어도 내가 쓰고 싶은 책의 주제에 맞는 목차를 쉽게 구성할 수 있다.

간단한 목차가 정리되었다면, 이제 규칙적으로 책을 쓸 수 없는 사람들을 위한 추가 작업이 필요하다. 각 꼭지에 어떤 내용의 글을 쓸지(핵심 내용) 요약하고 어떤 자료를 활용할지(인용구 및 참고 자료)에 대해 적어넣으면 된다. 다음과 같이 다시 정리할 수 있다.

장	꼭지	핵심 내용	인용구 및 참고 자료
영어 공부의 문제점	우리는 왜 영어를 못할까?	· 잘못된 방식의 영어 학습 · 암기 위주의 영어 학습 · 우리는 영어 소리를 공부한 적이 없다 · 외국인 앞에서 말 한마디 못하는 영어 공부	마이클 조던 이야기

┣━━━━ 간단한 목차 정리 ━━━━┣━━━━━ 추가 목차 정리 ━━━━━┫

목차를 한번 정리했다고 끝나는 것은 아니다. 책을 쓰면서 혹은 자료를 모으면서 계속 수정해야 한다. 자료 수집 과정에서 좀 더 좋은 예가 나오면 인용 및 참고 자료란에 내용을 적어 활용할 수 있다. 정리된 목차를 인쇄하여 다시 훑어보며 다른 사람의 책을 본다는 관점에서 어떤 내용이 추가되면 좋을지 또 중복된 부분은 어느 것을 삭제하면 좋을지를 고민하는 방식으로 계속해서 수정, 보완하면 더 좋은 목차를 만들 수 있다.

마지막으로, 정리된 목차에 누락된 정보가 있어 주장이 부족해 보이거나, 중복된 내용으로 인해 지루해지는 것을 막기 위해서는 다시 한번 MECE 원칙으로 목차를 정리해야 한다.

● 논리적인 목차를 만들 수 있는 MECE 원칙

좋은 책이란 전달하려는 정보나 지식의 누락이 없어야 하며, 같은 내용이 계속해서 중복되지 않아야 한다. 내용이 누락되면 반 쪽짜리 정보가 되고 중복되면 지루해지기 때문이다. MECE는 컨설팅 회사에서 이미 많이 사용하고 있는 기법으로, 나는 책 쓰기에 적용해보았다. 컨설팅 회사에서는 논리의 구성이 가장 중요하기 때문에 이런 방식의 논리 전개를 선호한다. 모르는 사람들을 위해 MECE에 대해서 간단하게 도식으로 표현하면 다음과 같다.

출처: 《맥킨지식 문제해결 로직 트리》, 이호철 저, 비즈센, 2014

좀 더 이해하기 쉽게 트럼프 카드를 MECE 방식으로 나누면 다음과 같이 분류할 수 있다. 가장 큰 상위 개념은 카드이다. 그리고 카드의 하위 분류는 검은색과 빨간색이다. 검은색과 빨간색은 서로 중복되지 않으며, 카드 전체를 나타냄으로 누락이 없는 정보이다. 그리고 검은색의 하위 분류는 클로버, 스페이드이며 빨간색의 하위 분류는 하트와 다이아몬드다. 이런 분류로 중복과 누락 없이 카드 전체를 설명할 수 있기 때문에 MECE의 원칙이 지켜졌다.

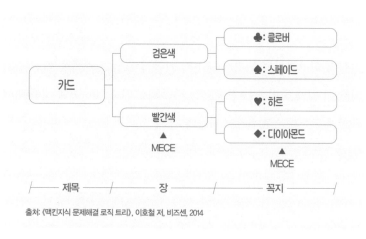

출처: 《맥킨지식 문제해결 로직 트리》, 이호철 저, 비즈센, 2014

여기서 가장 상위 분류인 카드가 책으로 치면 제목이고, 그 다음 하위 분류인 검은색과 빨간색이 장이 되며, 마지막 하위 분류인 카드의 모양은 각 장을 구성하는 꼭지가 된다. 나도 첫 책을 쓰면서 이런 방식으로 목차를 구성했다.

내가 쓰고 싶은 책의 핵심 메시지는 '어떻게 하면 실무에 사용할 정도의 수준으로 영어를 잘할 수 있을까? 어떻게 효율적으로 훈련할 수 있을까?'였다. 그래서 다음과 같은 원리로 목차를 구성했다.

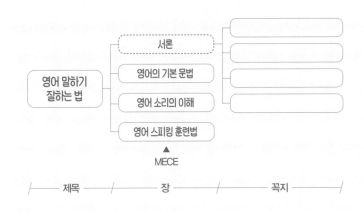

나중에 바뀌었지만, 내가 처음 생각한 제목은 '영어 말하기 잘하는 법'이었다. 영어를 잘 말하기 위해서는 최소한 기본 문법을 이해하고, 정확한 소리를 바탕으로 말하기 훈련을 하면 된다고 생각했다. 그래서 MECE 원칙으로 하부 구조를 위 그림과 같이 짰다.

최종 원고에서는 이런 논리의 배경을 설명하기 위해 서론에 해당하는 장이 추가되었고, 스피킹 훈련법은 3개의 장으로 나누어 총 6개의 장이 되었다. 그리고 각 장의 핵심 내용을 설명하는 방식으로 꼭지를 넣어서 목차를 구성했다.

내가 만약 MECE 원칙을 지키지 않고 목차를 구성했다면 독자들은 영어를 잘하기 위해서 문법도 알아야 하고, 영어의 소리도 알아야 한다는 건 알지만, 이를 통해 어떻게 말하기 실력을 키울 수 있는지 논리적으로 충분히 이해하기는 어려웠을 것이다. 즉 정보가 누락된 반 쪽짜리 책이 되었을 것이다. 그리고 만약 추가로 '영어 자음 소리의 법칙'이라는 장이 들어갔다면, '영어 소리의 이해'라는 장의 내용과 겹쳐 불필요한 내용이 중복되었을 것이다. 이처럼 한 가지 주제로 책을 쓸 때 MECE 원칙을 지키는 것은 매우 중요하다.

탄탄한 목차를 만드는 방법

1. 마인드맵을 통해 쓰고 싶은 내용의 주제를 정한다.

2. 클러스터 기법을 사용하여 주제와 연관된 생각을 펼친다.

3. 펼쳐진 생각들을 동일한 주제로 묶어 그룹핑한다.

4. 그룹핑된 주제들을 묶어 로직 트리(MECE) 방식으로 정리한다.

5. 엑셀에 제목, 장, 꼭지, 핵심 내용, 인용구 및 참고 자료 항목을 만들어 목차를 정리한다.

6. 책 집필이 끝날 때까지 목차를 수정 및 보완한다.

Step 5.
하루 30분, 프레임 글쓰기

목차가 완성되었다면 책 쓰기의 50% 이상이 완성되었다고 봐도 좋다. 이제 50~60개의 꼭지를 하루에 하나씩 쓰기만 하면 된다.

탄탄한 목차를 만들어놓고 글을 쓰면 좋은 점 중 하나는 책을 순서대로 쓰지 않고 그날그날 쓰고 싶은 주제를 선택해서 써도 된다는 것이다. 이미 전체의 뼈대에 해당하는 목차를 잡아놓았기 때문에 꼭지별로 글을 쓰고 마치 레고를 조립하듯 작성된 꼭지들을 목차에 맞추어 조립만 하면 책을 완성할 수 있다.

이제부터 해야 할 일은 하루에 하나씩 꼭지를 써나가는 일이다. 글을 처음 쓰는 사람들에게는 막상 꼭지 하나를 쓴다는 일이 생각보다 쉽지 않다. 그러나 프레임 글쓰기를 따라 한다면 하나씩 쉽게 완성해

갈 수 있다.

책을 많이 읽어본 사람이라면 알겠지만 대부분 책의 구성은 동일하다. 각 꼭지의 주제가 있고, 그 꼭지에서 주장하고 싶은 저자의 생각과 이를 뒷받침할 수 있는 논리적인 근거가 글 안에 들어간다. 그리고 이런 논리적 근거를 생동감 있고 흥미롭게 꾸며주는 사례가 들어간다. 프레임 글쓰기는 이런 틀을 먼저 잡아놓고 이야기하듯이 글을 써내려가는 방식이다.

다음은 실제로 내가 책을 쓰면서 사용한 방식이다.

▶ 꼭지 주제: 어학연수를 가면 영어를 잘할 수 있을까?

▶ 주장: 어학연수만 간다고 영어를 잘할 수 있는 것은 아니다. 어학연수를 가도 말하는 시간이 많지 않기 때문에 한국에서 올바른 방법으로 말하기 훈련을 한다면 영어를 더 잘할 수 있다.

▶ 논리적 근거: 어학연수를 가도 하루에 영어로 말할 수 있는 시간이 길지 않다. 하루에 50분씩 총 6교시의 수업을 듣는다고 했을 때 하루에 15분밖에 말할 시간이 없을 것이다(기준: 선생님과 학생의 말하는 비율이 50:50, 학급당 10명의 학생이 공부하는 경우).

▶ 예시: BTS의 RM은 한국에서 미국드라마 <프렌즈>로 영어를 공부하여 UN에서 멋진 연설을 했다.

이렇게 먼저 뼈대를 잡아놓고 글을 쓰면 쉽게 꼭지 하나를 완성할 수 있다. 경험상 30분 정도면 꼭지 하나를 완성할 수 있으며, 출퇴근 시간만 활용하더라도 충분히 확보할 수 있는 시간이다.

시간이 날 때마다 더 좋은 사례가 있는지, 논리를 증명할 더 좋은 자료가 있는지를 찾아 보충하면 된다. 이런 근거나 예시를 적절히 사용하기 위해서는 평소에 책을 많이 읽어야 하며, 신문 기사, 영화 등도 작가의 관점에서 어떤 부분을 어디에 인용하고 활용하면 좋을지 관심을 갖고 보물처럼 자료를 모아야 한다.

프레임 글쓰기는 글을 좀 더 쉽게 쓸 수 있게 도와주는 툴이다. 그러나 이런 툴이 있더라도 시간이 없다면 활용할 수 없다. 다음 장에서는 시간이 절대적으로 부족한 사람들을 위해 자투리 시간을 활용해서 글을 쓰는 방법을 알아보겠다.

큰 종이에 생각을 펼쳐라!

목차가 완성되면 종이에 써서 책상 앞에 붙여놓고 계속해서 본다. 목차는 책의 집필이
끝나는 순간까지 수정한다. 중복이 있는 부분은 삭제하거나 병합한다. 누락이 보이면
내용을 추가하기도 한다. 중복이나 누락을 확인하기 위해서는 큰 종이에 목차를 써놓
고 처음부터 끝까지 한눈에 봐야 내용이 잘 들어온다.

전체 구성을 펼쳐놓으면 책을 어떻게 써야 할지 머리로만 생각할 때보다 구체적으로
정리된다. 숲속에 들어가서는 나무만 보이고 숲을 볼 수 없다. 숲에 해당하는 목차의 전
체적인 흐름을 보려면 큰 종이에 써봐야 한다. 마치 헬기를 타고 숲 위에서 내려다보듯
목차를 바라보면 내용 전개가 자연스러운지 아닌지를 확인할 수 있다.

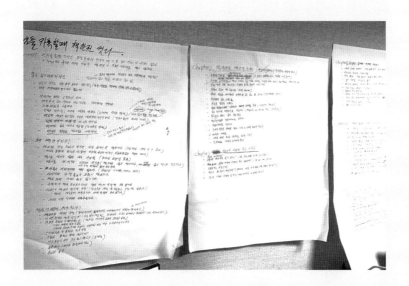

Step 6.
자투리 시간에 완성하는 초고 작성법

첫 책을 내고 주변 사람들과 얘기하면서 조금 놀랐던 사실은 생각보다 많은 사람이 자기 책을 내고 싶어한다는 것이었다. 그러나 실제로 책을 냈다는 사람은 만나보기가 쉽지 않았다. 마음은 있지만 실행하기는 생각보다 쉽지 않기 때문이다. 가장 큰 이유는 아마도 시간이 없어서일 것이다.

사실 직장을 다니면서 따로 개인적인 일을 한다는 게 쉽지 않다. 대한민국 직장인의 삶에는 육체적으로나 정신적으로나 다른 일을 할 수 있을 만큼의 여유가 사실 없다. 그렇다고 아무것도 시도하지 않으면 인생은 변하지 않는다.

"매일 같은 일을 하면서 다른 일이 생기길 바라는 것은 미친 짓이다."
_아인슈타인

적어도 이 책을 읽고 있는 당신은 현재의 삶에 만족하지 않고 더 나은 삶을 살기 위해 노력하는 사람일 것이다. 그러니 시간이 부족하다는 핑계를 대지 말고 스스로 시간을 만들어야 한다. 시간은 필요한 사람이 만드는 것이지 저절로 생겨나지 않는다. 아무리 바빠 보이는 사람의 일상도 잘 들여다보면 무심히 버려지는 자투리 시간이 생각보다 많다. 버려지는 자투리 시간만 잘 찾아내어 활용해도 누구나 거뜬히 책 한 권은 쓸 수 있다.

하루하루 버려지는 시간은 별것 아닌 듯 보이지만 이런 시간이 모이고 모이면 큰 차이를 만든다. 이렇게 모인 5년, 10년의 시간이 인생에서 성공과 실패를 가르는 변수가 될 수도 있다. 피 같은 시간이라고 생각하고 자투리 시간을 모아 사용해야 한다.

우리가 지금 어떻게 사느냐가 나의 5년 후, 10년 후의 모습과 삶을 만드는 것이다.

"변명 중에서도 가장 어리석고 못난 변명은 '시간이 없어서'라는 변명이다."_에디슨 책 쓰기는 크게 보면 초고와 퇴고로 나뉜다. 처음 책을 쓰는 사람은 초고를 쓸 때 마치 최종 완성본을 쓰듯이 하는데, 초고를 너무 완벽하게 쓰려고 하면 진도가 나가지 않아 결코 완성할 수 없다. 개인적인 생각이지만 초고를 쓸 때는 40% 정도의 완성도를 목표로 하고 나머지 60%는 퇴고를 하면서 채워가야 한다.

초고를 쓸 때는 생각을 빠르게 정리해야 한다. 너무 완벽한 글을 쓰기 위해 자료를 추가로 모으고 글을 다듬고 고민하다 보면 초고를 완성하기 전에 지쳐버리고 만다.

내가 생각하는 초고의 느낌은 풍경화를 그릴 때 구도와 위치를 잡는 밑그림과 비슷하다. 처음부터 어느 한 부분을 너무 세세하게 그려가다 보면 전체적인 구도나 비율이 안 맞아 처음부터 다시 그려야 한다. 이런 실수를 하지 않기 위해서는 먼저 밑그림을 그리며 구도, 위치, 비율을 맞춰놓고 세부 작업에 들어가야 한다.

초고를 쓸 때도 마찬가지다. 정리된 목차를 기반으로 틀을 먼저 잡아놓고 세부 사항에 들어가야 두세 번 작업하는 일이 발생하지 않는다. 큰 틀을 만들어놓고 수정하는 것은 쉬우나, 세부 사항을 먼저 그리면서 전체적인 틀에 맞추기는 상당히 어렵다.

바쁜 일상에 쫓기듯 살고 있지만 우리의 삶을 잘 들여다보면 생각보다 활용할 수 있는 자투리 시간이 많다. 나는 첫 책을 자투리 시간만을 사용하여 썼다. 초고는 모두 순수하게 자투리 시간만을 이용했으며, 정리 작업을 할 때만 별도로 시간을 냈다. 다음은 내가 책을 쓸 때의 하루 일과를 재구성한 내용이다.

아침에 일어나 운동을 하고 샤워 후 집을 나서면 7시 정도가 된다. 버스에 앉아 '프레임 글쓰기' 메모의 순서대로 글을 써나간다. 노트북, 아이패드 등을 사용해봤지만, 버스나 지하철과 같은 공간이 협소한 곳에서는 글을 쓰기가 매우 불편해 휴대폰 하나로도 충분하다.

에버노트 앱을 켜고 글을 작성한다. 1시간 정도면 A4 용지 4장 정도는 쉽게 쓸 수 있다. 오타가 있거나 문맥이 내용과 맞지 않아도 글을 계속 써나간다. 수정은 점심시간에 하면 되기 때문이다. 습관만 되면 조금 소음이 있는 버스에서 오히려 집중도 더 잘 되고 영감을 폭발적으로 쏟아낼 수 있다.

오늘도 손님과 점심 약속이 없어 간단하게 식사를 하니 40분 정도가 남는다. 의자에 앉아 음악을 들으며 아침에 쓴 글을 읽어본다. 오탈자와 문맥에 안 맞는 내용을 조금 수정하니 가독성이 높아진 것 같다.

어느새 퇴근 시간이 되었다. 오늘은 정보 수집을 위해 도서관에 가는 날이다. 신간을 볼 때는 교보문고로 가지만 구간은 도서관에서 찾아보는 것이 편하고 비용도 줄일 수 있다. 필요한 자료를 검색하다 보면 뜻하지 않게 좋은 책을 발견할 때도 있다. 책 3권을 대여해서 귀갓길에 읽기 시작한다.

오늘은 정리할 내용이 많아 집에 가기 전 동네의 단골 카페에 왔다. 에버노트에 작성한 글을 노트북으로 불러온다. 에버노트는 여러 기기에서 동시 접속이 가능하여 별도로 자료를 이동할 필요가 없다. 책에 들어갈 도표나 그림은 휴대폰으로 작성하는 데 한계가 있어 가끔 노트북으로 정리를 해줘야 한다. 2시간 남짓 작업을 하니 그동안 밀렸던 정리가 끝났다. 시계를 보니 어느새 10시가 지났다.

서둘러 집으로 돌아와 샤워를 하고 책상에 앉아 내일 작성할 글에 대해 간단히 메모하고 하루를 마무리한다.

위 내용은 실제로 내가 책을 쓸 때의 일상을 기록한 것이다. 당시 나는 회사 업무가 평소의 2~3배로 늘어나고 있었으며 해외 업무의 특성상 거의 24시간 업무가 쏟아졌다. 책을 꼭 출간하겠다는 간절함이 있었기 때문에 몸이 피곤해도 자투리 시간을 활용해 글을 쓸 수 있었다.

그럼 직장인이 어떻게 자투리 시간을 활용하여 책을 쓸 수 있는지 알아보자.

1. 출퇴근 시간 활용하기

우리가 하루 중 잠자고 일하는 시간 다음으로 가장 많이 사용하는 시간 중 하나가 출퇴근 시간일 것이다. 이 출퇴근 시간을 어떻게 활용하느냐에 따라서 인생이 달라질 수 있다.

출퇴근 시간은 방해받지 않는 나만의 시간이라 오히려 능률이 더 높을 수 있다. 일단 출퇴근 시간에 책을 쓰기 위해서는 자리에 앉는 것이 중요하다. 아무리 휴대폰으로 쓴다고 하지만 서서 쓰는 것보다는 앉아서 쓰는 것이 편하다. 버스에 자리가 없다면 사람들이 없는 시간대에 맞춰 조금 일찍 나가거나 정류장을 반대로 올라가 타는 것도 방법이다.

2. 점심시간 활용하기

점심시간은 근무 시간 중에서 가장 규칙적이고 자유로운 시간이기 때문에 잘만 활용하면 생각보다 많은 일을 할 수 있다. 운동을 해도 1시간을 할 수 있고 책을 써도 1시간을 쓸 수 있다.

나는 책을 쓰는 동안 고객과 특별한 약속이 없는 날은 가볍게 식사를 해결하고 아침에 쓴 원고를 다듬거나 추가로 초고를 작성했다. 글쓰기가 잘 풀리지 않을 때는 회사 주변을 산책하면 막혔던 부분이 잘 풀리기도 한다. 핵심은, 규칙적인 점심시간을 글쓰기에 잘 활용해야 한다는 것이다.

3. 출장 중 발생하는 자투리 시간 활용하기

회사 업무를 하다 보면 출장을 갈 일이 생긴다. 출장 중 시간이 남는다면 그동안 밀렸던 글을 쓸 수 있는 좋은 기회다. 물론 운전을 하지 않는 경우에 한해서다.

운전을 할 때는 글을 못 쓰기 때문에 주로 머릿속으로 '어떻게 더 좋은 글을 쓸까?', '어떤 구조로 설명을 할까?' 등을 고민한다. 나중에 시간이 날 때 고민했던 부분을 글로 정리하면 빠른 시간에 많은 양의 글을 쓸 수 있다. 책상에 앉아서만 글을 쓰려고 하지 말고 평소에 쓸 내용을 머릿속으로 정리해두면 많은 도움이 된다.

운전을 해야 하는 상황이 아니라면 생각보다 많은 시간이 생긴다. 특히 비행기를 타고 해외 출장을 간다면 상당히 많은 시간이 생긴다. 기차나 비행기에는 좌석 앞에 테이블까지 있기 때문에 글을 쓰는 데 최적의 공간이 된다.

● **매일 조금씩 어디에든 써야 한다**

전 세계적으로 유명한 작가 무라카미 하루키는 《직업으로서의 소설가》에서 장편소설을 쓸 수 있는 비결이 매일 20매의 원고를 쓰는 것이라고 말한다. 즉 책을 쓰기 위해서는 매일 일정한 분량으로 글을 써야 한다. 물론 전업 작가가 아닌 우리에게는 쉽지 않은 일이다. 그러나 글쓰기의 감을 유지하기 위해서는 다른 방법이 없다. 매일 쓰는 것만이 유일한 원칙이다.

책상이 아니라도 좋으니, 버스에서 혹은 지하철에서 시간이 나는 대로 휴대폰이나 수첩에 글을 써보자. 이렇게 쓴 글을 모으고 수정해서 한 권의 책을 완성할 수 있다. 거창한 작품이 아니어도 좋다. 그러나 매일 조금씩 어디에든 쓰는 것은 아주 중요하다.

Step 7.
책 쓰기의 마무리, 퇴고하기

책을 잘 쓰는 유일한 방법은 빠르게 초고를 쓰고 글이 자연스러워질 때까지 계속 읽고 고치는 것이다.

대부분의 책 쓰기 관련 책과 코칭에서는 초고를 한번에 내려쓰고 원고를 일정 기간 묵혔다가 새로운 마음으로 퇴고하라고 한다. 시간 간격을 두고 봐야 안 보이는 부분이 드러나기 때문이다. 그러나 우리는 자투리 시간을 이용해 버스에서 또는 지하철에서 글을 쓰고 있다. 전업 작가들처럼 노트북을 가지고 카페나 자신의 공간에서 여유롭게 쓰는 글이 아니다. 그래서 생각보다 오타가 많고 어색한 문장이 많다. 책 쓰기의 정석처럼 초고를 완성한 후 퇴고를 하면 좋겠지만 바쁜 현대인에게 그렇게 하는 것만이 최선은 아니다.

자투리 시간에 쓰는 초고도 너무 많은 생각과 고민을 하지 말고 써내려가야 한다는 점에서는 동일하다. 초고에 너무 많은 시간을 들이면 어떤 글도 완성할 수 없다.

여기까지는 일반적인 글쓰기와 같다. 그러나 일반적인 글쓰기와 달리 프레임 글쓰기에서는 초고 완성 후 한 번 더 퇴고를 해야 한다. 엄밀히 말하면 퇴고라기보다는 중간 점검이라는 표현이 맞을 것 같다.

나도 처음에는 글을 쓰고 조금 시간 간격을 두고 퇴고를 했다. 그러나 너무 많은 오타와 어색한 표현 때문에 어떤 의도로 썼는지 나도 기억 못하는 문장이 많았다. 글을 휴대폰으로 써내려가다 보니 가끔 전체적인 내용이 안 들어와 문맥이 어색해지고 여기에 오타가 추가되면서 내가 쓴 글을 나도 이해 못하는 경우가 발생한다.

그래서 초고가 완성되면 그날 안에 전체 글을 읽어보고 점검을 해둔다. 이렇게 하면 처음 글을 쓸 때 보지 못했던 어색한 부분과 오타들이 눈에 들어온다. 특히 휴대폰에는 글이 자동으로 완성되는 경우가 있어 오타가 많이 발생하니 주의 깊게 봐야 한다.

중간 점검을 거쳐 초고를 완성한 후 이제 본격적으로 퇴고에 들어가자. 퇴고는 단순히 오탈자를 찾아내는 것이 아니라 부족한 부분을 채우는 작업이라고 보는 것이 맞다. 초고를 빠른 속도로 써야 하는 이유는 한 권의 책이 일관성 있어야 하기 때문이다. 글쓰기를 집 짓기에 비유하자면 전체적인 큰 틀에서 골격을 세우는 작업이 초고 쓰기다.

거기에 디테일을 살리고 마감 작업을 하는 것이 퇴고다. 따라서 퇴고는 다음과 같은 관점에 맞추어 진행해야 한다.

● 내 글이 문맥상 어색하지 않은지 확인하자

같은 내용의 글이라도 편하게 읽히는 글이 있고, 불편하게 읽히는 글이 있다. 퇴고 시에는 이런 부분을 살펴야 한다. 내 글이 어색하게 읽히는 데에는 여러 가지 이유가 있다.

일단 맞춤법이 틀리면 신뢰도가 떨어지고 읽기가 불편해진다. 요즘에는 내가 쓴 글을 인터넷 맞춤법 검사기를 통해 쉽게 검사해볼 수 있다. 네이버, 다음 등에서 제공하는 맞춤법 검사기가 있다. 본인에게 편한 웹사이트에 방문하여 검토하고 싶은 글을 붙여넣으면 띄어쓰기를 포함해 대부분의 맞춤법을 검토해준다.

맞춤법 외 문맥이 어색하게 읽히는 다른 요인은 주부와 술부의 불일치다. 다음과 같은 예를 들 수 있다.

▶ 코로나 바이러스는 사람들이 집 안에 머물도록 강요당했다.
▶ 코로나 바이러스는 사람들을 집 안에 머물도록 강요했다.

주어가 코로나 바이러스이기 때문에 '강요당했다'의 수동형이 아닌 '강요했다'의 능동형 술어로 써야 한다.

● 부족한 논거를 보충하는 작업이 필요하다

초고를 작성할 때 말하고자 하는 내용의 모든 논거를 찾아가며 작업을 하면 글쓰기의 흐름이 끊어지고 시간이 너무 많이 걸린다. 따라서 초고를 작성할 때는 여백에 퇴고 시 보충해야 할 내용에 대해 메모해 두면 편하다. 그리고 퇴고 단계에서 이 메모를 바탕으로 내 글의 논리를 완성하면 된다.

글쓰기에서 가장 위험한 접근 방식이 아무 근거 없이 자기 주장을 쓰는 것이다. 예로 '한국 사람들은 책을 많이 읽지 않는다'라는 주장을 하고 싶다고 하자. 초고를 작성할 때는 시간이 없으므로 간단하게 '통계 자료 찾아보기'라고 메모를 하고 넘어간다. 그리고 퇴고를 할 때 통계 자료를 찾아 논거를 제시하면 완성도 높은 글이 된다.

▶ 주장하는 내용: 한국 사람들은 책을 많이 읽지 않는다.

위 문장은 두 가지 이상의 의미로 이해할 수 있다. 하나는 '과거에 비해 책을 많이 읽지 않는다'이고 또 하나는 '다른 국가에 비해 책을 많이 읽지 않는다'이다. 이러한 주장에는 뒷받침할 다음과 같은 근거

자료가 있어야 한다.

> ▶ 자료 1. 연도별 국내 독서량(예: 문화체육관광부의 국민독서실태조사)
> ▶ 자료.2. 국가별 평균 독서량(예: OECD의 국가별 독서량 통계)

위와 같은 키워드로 찾아보면 많은 자료가 있고 이 중에 가장 신빙성 높고, 최근에 발표된 자료 위주로 찾아보면 된다.

실제로 자료를 찾아보니 한국인의 독서량은 과거에 비해서는 줄었지만, 다른 나라에 비해서는 많지도 적지도 않고 평균이다. 따라서 퇴고를 통해 문장을 완성하면 다음과 같이 쓸 수 있다.

"2017년 문화체육관광부에서 조사한 국민독서실태조사에 따르면 한국 사람들의 연평균 독서량은 2015년 9.1권에서 2017년 8.3권으로 감소했다. 점점 책 읽는 사람들이 줄어들고 있다. 한편 OECD 국가별 독서량 통계를 보면 한국인의 독서량은 다른 나라 사람들의 독서량과 비슷한 수준이다. 독서량 감소는 비단 한국만의 문제는 아니다."

이렇게 글을 쓰면 단순히 자신의 주장이 아니라 근거를 바탕으로 한 객관적인 설명이 되어, 독자가 저자의 주장을 받아들이는 데 거부감이 없어진다.

● 예문과 사례가 적절한지 확인해야 한다

글을 쓸 때는 주장을 뒷받침하는 근거를 제시하기도 하지만 독자의 흥미를 끌기 위해 다양한 인용구나 일화를 넣는 경우가 많다. 초고 때 생각나는 내용을 대충 적었다면 퇴고 시에는 이런 부분의 출처가 어딘지, 내가 작성한 내용은 정확한지 다시 한 번 점검해야 한다. 이를 테면 다음과 같은 글을 쓰려고 한다.

▶ 주제: 시간은 유한하기 때문에 시간을 낭비하면 성공할 수 없다.

이 주제로 글을 쓸 때 나폴레옹의 명언이 생각났다. 정확한 문장이 기억 나지 않아 초고에는 일단 이렇게 적어두었다.

"오늘 나의 실패는 과거 나의 게으름에 대한 복수다."_나폴레옹

퇴고 시 찾아보니 원문은 다음과 같았다.

"우리가 어느 날 마주칠 재난은 우리가 소홀히 보낸 어느 시간에 대한 보복이다."_나폴레옹

내가 쓰는 사례나 인용이 정확해야 신뢰도 높은 글을 쓸 수 있다.

의견과 주장을 구분해야 한다

글을 쓸 때 가장 많이 실수하는 부분이다. 주장과 의견은 닮은 듯 매우 다르다. 의견은 자기 생각을 말하는 것이고 주장은 논리적 근거가 있어야 하는 것이다. 당신이 "그 여자는 얼굴이 예쁘다"라고 썼다면 그건 그냥 당신의 의견이다. 절대적 가치 기준으로 예쁜 것이 아니기 때문에 의견인 것이다. 반면 "얼굴의 가로세로 비율이 조화로우면 동안이다"라는 문장은 주장이 될 수 있다. 물론 통계 자료를 이용해야 한다. 주장과 의견의 구분은 유시민 작가가 쓴 《유시민의 글쓰기 특강》에도 잘 나와 있다.

> ▶ 의견: 나는 장동건을 대한민국 최고의 미남이라고 생각한다.
> ▶ 주장: 대한민국 최고 미남은 장동건이다.

위 주장이 주장으로서 인정받기 위해서는 논리적 근거가 있어야 한다. '미남의 기준은 무엇이고, 장동건이 이러한 미남의 기준에 가장 잘 들어맞는다'라는 근거가 필요하다. 그렇지 않다면 주장이 아닌 의견이 된다.

● 전체적으로 일관된 주장을 하고 있는지 확인하자

책을 쓰다 보면 가끔 책 앞부분과 뒷부분에서 서로 상반된 주장을 하는 경우가 있다. 만약 책 앞부분에서 '영어 공부에서는 문법보다 말하기 훈련이 중요하다'라고 적고, 뒤에 가서 '문법이 가장 중요하다'라고 쓰면 앞뒤가 안 맞는 글이 된다. 따라서 퇴고 단계에서 초고 작성 시 가볍게 넘긴 오류가 있는지 확인하며 수정을 해야 한다.

● 이해를 돕기 위한 도표와 삽화가 필요할지 고민해보자

우리가 지금 쓰려는 책은 독자에게 유용한 정보를 전달하는 것이 목적이다. 따라서 글만으로 표현하기 어려운 부분이 있다면 효과적으로 설명하기 위해 글을 돕는 그림이나 도표가 필요하다.

예를 들어, 나는 영어 말하기 책을 쓸 때 영어 발음의 조음 위치를 설명하는 부분에서 삽화를 그려넣었다. 영어 발음은 소리 나는 위치와 혀의 위치가 매우 중요한데, 글로만 표현하기에는 한계가 있었다. 이럴 때 삽화를 넣어 그림으로 설명하면 독자들이 더 정확히 이해할 수 있다.

초고를 작성할 때 이런 작업을 하다 보면 시간이 너무 오래 걸린다. 손으로 대충 그려놓고 퇴고 때 마무리하자.

Step 8.
두근두근 투고하기

여기까지 왔다면 출간에 절반 이상은 성공한 것이다. 책을 쓰려고 마음먹은 사람 중 원고를 완성하는 사람은 생각보다 많지 않다. 그러니 원고를 완성했다는 것만으로도 축하할 만한 일이다. 그러나 우리의 목적은 '내 돈 안 쓰고 출판하기'다. 이런 결과를 얻으려면 내 원고를 출판사에서 채택해줘야 한다. 선택을 받기 위해서는 투고를 해야 한다. 투고는 말 그대로 출판사에 내 원고를 제출하는 것이다. 가장 떨리고 설레는 순간이다.

투고 시점은 언제가 좋을까?

처음 글을 쓸 때는 글쓰기에 몰입하기 때문에 출판에 대해 크게 신경 쓸 겨를이 없다. 나도 은연중에 '끝까지 쓰는 게 어렵지, 쓰기만 하면 당연히 출간된다'라고 생각하고 작업했던 것 같다. 그런데 책이 거의 완성되어 가던 어느 날 갑자기 이런 생각이 들었다.

'누가 내 책을 출간해줄까? 내 책의 가치를 남들도 알아줄까?'

내가 쓴 글에 대해 자신은 있었지만, 출간을 경험해보지 못한 사람으로서의 걱정이 밀려왔다. 그러다 보니 마음이 갑자기 급해졌다. 빨리 확인해보고 싶은 마음에 서둘러 원고를 마감하고 투고 메일을 보내기 시작했다. 당시 내가 좋아하는 출판사 열 군데 정도에 투고를 했다.

투고를 한 후에는 두근거리는 마음으로 매일, 아니 매시간 메일함을 확인했다. 그러나 회신은 생각보다 빨리 오지 않았다. 2주가 지난 후 몇 군데 출판사에서 회신이 오기 시작했다. 답을 해주지 않은 출판사가 대부분이었고 그나마 답이 온 출판사의 내용도 한결같았다.

"보내주신 원고는 면밀히 검토해봤지만, 당사의 출판 방향과 맞지 않아 출간을 할 수 없는 점 양해 바랍니다."

처음 이런 회신을 받았을 때는 '내 글이 나쁘진 않은데 출판사와 방향이 달라 내 원고가 채택되지 않았구나' 정도로 생각했다. 그러나 모든 출판사로부터 같은 대답을 듣고 나서야 이게 정중한 거절임을 알게 되었다.

결론적으로 첫 투고는 실패로 돌아갔다. 너무 성급한 마음에 다듬어지지 않은 원고를 투고한 것이 원인이었다. 지금 생각하면 무척 용감한 투고였다. 입장 바꿔 생각해보면 유명 작가도 아닌 초보 작가의 엉성한 원고를 보고 계약하자고 할 출판사는 없을 것 같다. 결국 나는 내 원고를 대대적으로 수정한 후에야 계약을 할 수 있었다. 그러나 정작 내가 선호하는 출판사에는 다시 투고하지 못했다. 같은 사람이 유사한 원고를 투고하면 아마 편집자도 피로도가 쌓여 잘 안 봐줄 거라는 생각이 들었기 때문이다.

유명 작가 혹은 출간을 하지 않았더라도 이미 다른 분야에서 큰 성공을 거둬 대중에게 널리 알려진 사람들은 책의 일부만 보내도 계약이 될지 모르겠지만 우리와 같은 초보 작가들이 출판사의 선택을 받으려면 완성도 있는 원고가 필요하다.

어느 정도 완성도 있는 원고가 준비되었다면 이제 투고를 하면 된다. 보통 작성한 원고를 첨부하여 이메일로 보내거나 출판사 홈페이지에 원고 파일을 올리면 된다. 투고를 위한 이메일 주소는 대부분 출판사들이 기존에 출간한 책의 앞 또는 뒤쪽에 적어놓는다. 서점에 가서 책을 확인해보거나 집에 있는 책을 봐도 알 수 있다.

나는 서점에 가는 것을 추천한다. 서점은 책을 유형별로 분류해놓기 때문이다. 투고를 할 때 내 원고의 완성도도 중요하지만 어떤 출판사에 투고를 할지도 중요하다. 내가 출간하고 싶은 책이 영어 공부와 관련된 책인데 요리책을 주로 출간하는 출판사에 투고를 해봤자 관심도 없을 것이고, 설령 관심이 있다 하더라도 그 분야의 출간 경험이 없어 완성도가 떨어질 수 있다. 출판사들도 각자 전문 영역이 있다. 문학을 위주로 하는 곳이 있고 영어 학습 또는 요리를 전문으로 하는 출판사도 있다.

요리 관련 서적을 전문으로 출간하는 출판사는 음식 사진 촬영에 특화가 되어 있을 것이고, 영어 학습서를 전문으로 하는 출판사는 원어민 음성도 녹음해야 하고 오류가 없도록 내용을 감수할 수 있는 역량도 있을 것이다.

따라서 투고할 때는 본인이 출간하고자 하는 책의 성향과 잘 맞는 출판사에 투고해야 좋은 결과를 얻을 확률이 높다.

●   **어떤 출판사가 좋은 출판사인가**

좋은 출판사란 작가에게 잘 맞는 출판사라고 생각한다. 책이 잘되기 위해서는 작가의 역량이 크지만 출판사의 역량도 무시할 수 없다. 아무리 좋은 음식도 어떤 그릇에 담느냐에 따라 맛이 달라진다. 작가는 요리를 하는 사람이고 출판사는 요리를 플레이팅하는 사람이라고 생각한다. 나는 책을 좋아하기 때문에 표지가 매력적이지 않고 편집이 잘되지 않아 읽기가 다소 불편한 책도 내용이 좋으면 보는 편이다. 가끔 이런 책을 보면 정말 안타까운 생각이 든다.

'이렇게 좋은 내용과 수준 높은 글이 왜 성공하지 못했을까?'

내용은 너무 좋은데 표지, 디자인 및 편집이 좋지 않아 선뜻 읽고 싶은 마음이 들지 않기도 한다. 출판사를 고를 때 이런 역량이 있는지를 잘 보고 골라야 한다. 기존에 출간한 책을 보면 그 출판사의 스타일을 알 수 있다.

이 외에도 출판사의 역량으로 봐야 할 부분은 마케팅이다. 우리가 사회에 영향력 있는 유명인이 아니라면 책을 출간하더라도 마케팅을 진행하기가 사실상 쉽지 않기 때문에 처음에는 출판사에 마케팅을 의존할 수밖에 없다. 물론 책이 출간되면 저자도 적극적으로 본인의 책을 홍보해야 한다. SNS를 이용한다든지 오프라인 강연을 진행하는 등 다양한 방법을 시도해보아야 한다. 결국 작가와 출판사는 한배를 탄 공동운명체. 무조건 대형 출판사를 고집하기보다는 이런 부분을 잘 챙겨줄 수 있고 작가와 궁합이 잘 맞는 출판사를 선택하는 것이 중요하다.

처음 책을 출간할 때는 무조건 대형 출판사가 좋을 것 같지만, 사실은 장단점이 있다. 대형 출판사가 광고와 마케팅에서는 소형 출판사보다 뛰어나지만, 문제는 내 책 말고도 출간하는 책이 많아서 내가 출간한 책이 초반 판매가 부진하면 더 이상 신경 써주지 않을 수 있다는 점이다. 반면 소형 출판사는 홍보와 마케팅에 사용할 예산의 한계가 있기 때문에 대형 출판사보다 마케팅 역량이 약할 수 있지만, 다수의 책이 아닌 내 책만을 위해서 열정을 갖고 밀어준다는 장점이 있다. 따라서 앞서 말한 것과 같이, 나와 잘 맞는 출판사가 좋은 출판사인 것이다.

● **투고할 때 원고는 얼마나 보내야 할까?**

처음 원고를 투고할 때 '혹시 내 책은 내주지 않고 내 원고만 도용하지 않을까' 하는 걱정이 들었다. '책의 내용은 좋은데 퍼스널 브랜드가 없으니 유명한 사람을 앞세워 다른 사람의 이름으로 유사한 내용의 책이 출간되면 어쩌지'라는 생각에 전체 원고를 투고하기가 불안했다. 처음 써보는 내 책에 대한 지나친 애착이 만들어낸 피해망상이라는 것을 나중에 알게 되었다. 사실 그렇게 부도덕한 출판사도 없을뿐더러 내가 원고를 투고할 때 보낸 메일함에 기록이 남기 때문에 나중에 도용과 같은 문제가 생겼을 때 충분히 증빙할 수 있다.

그럼 원고를 투고할 때는 어떤 부분을 얼마나 보내야 할까? 유명한 작가들은 원고 없이 출판사가 먼저 콘셉트를 주고 책을 써달라고 하는 경우도 있지만, 우리는 책 한 권 내보지 않은 초보 작가이다. 출판 계약을 하게 되면 저자인 작가는 '갑'이 되지만 계약 전까지 우리는 출판사에게 선택받기를 원하는 위치에 놓여 있는 '을'이다. 그렇기 때문에 원고 일부만 보내기보다는 전체를 보내는 것을 추천한다. 유명한 작가라면 3~4꼭지만 봐도 전체적인 책의 수준이나 내용을 가늠할 수 있기 때문에 출판사가 계약을 진행할 수도 있지만, 우리 같은 초보 작가 또는 예비 작가가 출판사의 선택을 받기 위해서는 원고 전체를 보내는 것이 더 효과적이다. 만약 일부만 보내고 싶다면 책의 핵심 부분이나 가장 완성도 높은 꼭지를 보내는 것을 추천한다.

투고하면 어떤 회신이 올까?

원고를 투고하고 나면 출판사마다 검토에 필요한 시간이 다르기 때문에 회신이 오는 시점이 다르다. 대형 출판사의 경우 원고에 대해 의사결정을 하는 사람들이 많고, 투고 원고도 많기 때문에 회신이 늦는 편이다. 짧게는 일주일 정도 걸리지만 세 달이 지나서 회신이 오는 경우도 있다. 회신이 오는 유형은 다음 세 가지다.

1. 정중한 거절
"보내주신 원고는 당사의 출판 방향과 맞지 않아 아쉽게도 출간하기 어렵습니다"라는 메일이 온다면 정중한 거절이다.

2. 자비 출판 제안

생각보다 많은 출판사에서 자비 출판을 제안해온다. 저자가 100%를 다 내야 하는 제안도 있고, 50:50으로 비용을 제안하는 곳도 있다. 최근에는 자비 출판의 형태도 많이 늘었지만 그래도 출판의 가장 이상적 형태인 기획 출판을 목표로 해야 한다.

3. 출간 제안

출간 제안의 경우 이메일도 있지만 편집자에게 직접 전화가 오는 경우도 있다. "보내주신 원고의 검토 결과 내용이 괜찮은 것 같다. 다른 출판사와 계약을 하지 않았으면 미팅을 하자"는 연락이다. 아무래도 신인 작가이기 때문에 책의 내용을 직접 들어보기 위해 미팅을 제안한다.

투고한 뒤 거절 메일을 많이 받다 보면 좌절에 빠지기도 하고, 힘들여 쓴 원고가 빛도 보지 못하고 사라지면 어쩌나 하는 걱정도 든다. 이런 마음이 들 때 누군가가 감언이설로 "책 내용이 좋으니 자비 출판을 하자. 해외에서는 대부분 이렇게 출간한다"라고 말하면 마음이 조금 흔들린다. 그러나 늦게 출간 제안 연락이 오는 경우도 많으니 초조해하지 말고, 차라리 이런 시간에 기존 원고를 조금 더 다듬기를 추천한다.

원고 투고 무작정 따라하기

앞서 설명한 대로 투고는 이메일이나 홈페이지를 통해서 하면 된다. 그럼 투고 이메일은 어떻게 쓰고, 원고 외에 무엇이 필요할까?

출판사에 투고할 때는 원고, 기획서, 이메일 내용을 준비해야 한다. 이 세 가지는 '투고 삼총사'라 부를 수 있다.

출판사에 원고를 투고할 때는 원고만 보내서는 안 된다. 대부분 편집자들은 많은 출판 제안서와 원고를 받기 때문에 원고만 보내면 아예 안 보거나, 대충 보고 말 것이다. 따라서 출간기획서를 원고와 같이 보내야 한다.

출간기획서에 저자 소개를 비롯해 저자가 책을 내는 의도, 다른 경쟁 도서와의 차별성, 향후 마케팅 계획까지 포함하면 편집자에게 효율적으로 어필할 수 있다. 여기에 추가해서, 나는 이메일을 정성스럽게 쓰기를 권한다. 이메일 내용은 기획서 내용을 아주 짧게 요약해서 쓰면 효과적이다. 원고를 읽을 시간도 없고, 기획서를 읽을 시간도 없는 편집자라도 메일은 대충 읽어볼 것이기 때문이다. 원고뿐만 아니라 이렇게 이메일 본문도 쓰고, 기획서도 첨부하는 이유는 조금이라도 편집자를 만족시키기 위해서다. 물론 원고가 좋아야 최종적으로 출간이 되겠지만, 반대로 아무리 좋은 원고도 편집자가 검토하지 않는다면 기회조차 얻을 수 없다.

우리는 간절한 마음을 담아 세상에 하나뿐인 원고를 투고하지만 원고를 받아 검토하는 편집자의 입장에서는 수많은 원고 중 하나일 뿐이다. 따라서 조금이라도 눈에 띄게 하기 위해서는 이메일 작성에 정성을 들일 필요가 있다. 조금은 확률을 높일 수 있을 것이다. 정답은 없지만 다음 페이지에 나오는, 내가 실제로 보낸 투고 메일을 참고해보자.

투고 메일, 이렇게 써보자

투고 : 해외영업 팀장의 영어 비밀 노트(가제)

안녕하세요! 저는 예비 작가를 꿈꾸는 신선수라고 합니다.

저는 2년간 영국에서 어학연수를 했고, 글로벌 기업들과 세일즈 및 비즈니스 협력관계를 구축하는 업무를 10년 넘게 담당하고 있습니다. 해외 비즈니스를 하면서 어떻게 하면 영어를 더 잘할 수 있을지 오랜 시간 고민했으며, 한국인은 영어 학습량이 문제가 아니고 영어 학습 방법이 잘못되어 영어를 못한다는 사실을 알게 되었습니다. 독학으로 15년 이상 고민하고 연구하여 습득한 '한국인에 특화된 영어 학습 방법'을 공유하고 싶어 책을 집필하게 되었습니다. 해외 비즈니스 현장 경험을 바탕으로 일상생활을 넘어 비즈니스까지 가능한 영어 학습법을 이 책에 담았습니다.

타깃 독자

1) 영어를 꾸준히 공부했으나 회화가 안 되는 30~50대 직장인

2) 회사에서 영어로 인하여 진급이나 업무에 스트레스를 받는 사람

3) 해외에서 어학 공부를 했지만, 시간이 지나 실력이 퇴보하여 다시 영어를 공부하고 싶은 사람

다른 영어 학습 도서와 차별화 포인트

- 기존에 학습한 영어 지식을 바탕으로 실력을 높일 수 있는 구체적인 방법 제시

- 영어의 소리, 문장 구성, 학습 효율 증대, 프리 토킹을 위한 체화, 영어 실력 유지에 대한 통합 학습 지침 제공

1) 기존 영어 학습의 문제점이 무엇인지 분석

2) 영어 스피킹의 기본인 영어 소리에 대한 학습 방법 제시(영어 자음·모음표 활용)

3) 우리가 배운 영어 지식을 바탕으로 실질적인 영어 문장을 이해하고 만드는 방법 제시(English Grammar Map)

4) 앞서 배운 영어의 소리, 영어의 문장 구조를 바탕으로 영어를 체화할 수 있는 연습 방법 제시(섀도 스피킹)

5) 영어 습득 후 유지할 수 있는 방법 제시(Cross fit English)

　　※ 영어 소리 학습 → 영어 문장 구조의 이해 → 학습 효율성 증대 → 반복 훈련을 통한 체화 → 영어 실력 유지

－ 다년간의 글로벌 해외 비즈니스 경험을 바탕으로 실질적인 영어 학습법 제시

판매 계획

－ 운영 중인 블로그에서 적극적으로 마케팅 진행(https://292sss.blog.me/)

－ 회사 내 홍보 및 직장인 대상의 강연 진행을 통한 판매

영국 생활을 포함해 20년 가까이 영어 학습과 해외 비즈니스를 병행하며, 아직도 많은 직장인이 영어 공부는 많이 하나, 해외 업무 시 영어를 편하게 하지 못한다는 사실을 알게 되었습니다. 제가 과거에 했던 것과 같은 고민을 하는 사람이 아직도 많이 있다고 생각합니다. 원고는 현재 100% 완성되었고 퇴고를 진행하고 있습니다. 부디 귀사와 좋은 인연이 되길 바라며 소중한 원고를 투고합니다. 긍정적인 검토 부탁드립니다.

신선수 드림

Step 9.
감격의 출판 계약

초보 작가가 책을 쓰면서 가장 감격스럽고 행복한 시간은 출판사로 부터 책을 출간하고 싶다는 연락을 받을 때와, 책이 출간되는 첫날 대형서점(교보문고, 영풍문고 등)에서 자기 이름이 인쇄된 책을 처음으로 보는 순간일 것이다. 이때의 기분은 말로 표현하기 어렵다. 그간의 고생을 모두 보상받는 순간이기도 하다.

나의 경우, 원고를 투고하고 약 2주 정도 지났을 때쯤 출판사 편집 장에게 전화를 받았다. 모르는 번호가 떴을 때 혹시나 하는 생각이 들었고, 전화기 너머로 "작가님 안녕하세요! ○○출판사의 편집장 ○○ ○입니다"라는 목소리가 들렸을 때 드디어 나에게도 기회가 왔음을 직감할 수 있었다. 내가 보낸 원고에 관심이 있고 계약을 하고 싶다는 말이 너무나 감격스러웠다. 그 후 몇 건의 출간 제의를 받았지만 첫 느낌만큼 강렬하지는 않았다.

● **출판 계약의 3가지 형태**

내가 도전한 첫 책은 영어 공부 노하우를 담은 영어 학습서로 내가 차별화해서 글을 쓸 수 있는 영역이어서 이 주제로 글을 썼지만 영어 관련 사업을 할 생각은 없었기 때문에 나의 목적은 처음부터 기획 출판이었다. 그러나 투고를 한 후 생각보다 다양한 형태로 출판 계약 제의를 받았다. 크게 보면 출판 계약의 형태는 세 가지다.

1. 기획 출판(상업 출판)

기획 출판은 우리가 흔히 생각하는 출판 형태다. 작가는 글을 쓰고 출판사는 나머지 일을 한다.

작가가 원고를 출판사에 전달하면, 출판사는 책의 제목과 표지를 정하고, 원고를 기획 방향에 맞는 형식으로 편집한다. 그리고 작가와 원고를 주고받으며 교정과 교열, 수정 작업을 진행한다. 책이 출간되기 전에 서평단을 통해 독자들의 반응을 미리 살피기도 하고, 각종 홍보 및 마케팅 소스를 제작한다. 이렇게 책이 나오기까지 많은 프로세스가 있기 때문에 상업 출판으로 책을 내는 데 이런 책의 경우 적게 잡아도 약 2,000만 원 정도가 소요되고 초판을 모두 판매해야 출판사는 손익분기점을 넘길 수 있다고 한다. 따라서 출판사에서는 검증되지 않은 초보 작가와의 출판 계약을 꺼린다. 2,000만 원이 적다면 적은 금액일 수 있지만 판매가 부진한 책이 쌓이면 규모가 크지 않은 출판사에게는 큰 손실이 될 수밖에 없다.

기획 출판은 작가 입장에서는 가장 이상적인 계약 형태다. 일단 저자가 지불하는 돈이 없으며 원고의 대가로 계약금을 받고 시작할 수 있기 때문이다. 그리고 출판사에서 출간에 필요한 모든 프로세스를 처리해준다는 장점이 있다. 유일한 단점으로는, 상업적인 성공을 위해 원고의 내용 및 방향이 출판사 의도대로 많이 수정될 수 있다.

2. 자비 출판

자비 출판은 말 그대로 저자 본인이 비용을 지불하고 출판하는 형태다. 그러나 책을 만드는 과정은 기획 출판과 마찬가지로 출판사에서 진행해준다. 책을 통해 저자 본인을 홍보하는 것이 목적이라면 나쁜 선택은 아니다. 미국을 비롯한 해외에서는 보편화된 방식이기도 하다.

그러나 책을 내는 데 많은 돈이 들기 때문에 우리에게는 다소 부담스러운 방식이다. 투고를 하면 생각보다 많은 출판사에서 자비 출판을 제안해온다. 출판사 입장에서는 돈을 받고 작업을 하기 때문에 책이 안 팔려도 손해 볼 것은 없는 방식이다. 따라서 상대적으로 출판사에서 책을 판매하려는 홍보 및 마케팅 활동을 소홀히 할 수밖에 없고 저자가 전적으로 판매를 책임져야 한다는 부담이 크다.

3. 반기획 출판

말 그대로 기획 출판과 자비 출판의 중간 형태라고 보면 된다. 발생되는 비용을 나누거나, 출판사에서 선투자를 하고 판매 부수에 대한 인세를 일정 부분 출판사의 홍보 및 마케팅 비용으로 활용하는 방식이다.

사실 책을 처음 내는 초보 작가에게는 가장 합리적인 방식일 수도 있다. 출판사 입장에서는 수익이 보장되지 않은 초보 작가의 책을 출간하는 리스크를 줄일 수 있고, 저자는 비용을 들이지 않고 책을 출간할 수 있기 때문이다. 인세율 10%로 계약한 도서를 정가 15,000원에 초판 2,000부를 찍을 경우 인세는 약 300만 원 정도일 것이다. 내가 1년 동안 피땀 흘려 준비한 책이 출간도 못 되고 사장되는 것보다는 300만 원 정도 포기하고 출간을 할 수 있다면 나쁜 선택은 아니라고 생각한다.

책 한 권을 출간하기 위해서는 이보다 비용이 훨씬 많이 들기 때문에 책의 내용이 좋지 않다면 출판사에서 기획이든, 반기획이든 제안하지 않을 것이다. 가장 주의해야 할 것은 서로 리스크를 나누는 것처럼 포장한 후 100% 저자가 비용을 부담하도록 자비 출판을 유도하는 출판사를 피하는 일이다.

출판의 형태는 위 세 가지가 대부분이지만 저자가 직접 1인 출판사를 설립하여 기획, 편집, 디자인, 마케팅, 유통 등 모든 활동을 하는 1인 출판과, 1인 출판과 형태는 비슷하나 출판사 등록을 하지 않고 출간하는 독립 출판도 있다.

1인 출판이나 독립 출판의 경우 저자의 창의성을 100% 반영할 수 있다는 장점이 있지만 모든 과정을 혼자서 하기란 결코 쉽지 않다. 책을 집필하는 것만으로도 많은 에너지가 소비되는데 편집, 디자인, 마케팅, 유통을 혼자 다 한다는 것은 결코 추천할 만한 방식은 아니다.

사람마다 생각이 다르겠지만 나는 기획 출판을 목표로 책을 썼다. 내가 쓴 책이 출판사 담당자의 마음에 들지 않아 선택이 안 되었다면 당연히 독자에게는 더 매력 없는 책일 확률이 높다고 생각했다.

● **출판 계약 시 무엇을 챙겨야 할까?**

초보 작가들은 계약을 하는 것만으로도 감격스러운 나머지 계약서를 꼼꼼히 보지 않고 사인을 하는 경우가 있다. 사실 나도 출판사와의 첫 미팅에서 너무 흥분한 나머지 꼼꼼히 살피지 못하고 다소 마음에 들지 않는 계약을 하고 말았다. 인생에서 몇 번 오지 않는 갑의 입장에서 하는 계약이기 때문에 서두르지 말고 챙길 것은 챙겨야 한다. 여기서는 우리의 목표인 기획 출판의 경우에 대해 설명하겠다.

1. 계약금

계약금은 출판사마다 지급 기준이 다르다. 통상적으로 100~300만 원 수준으로 제시한다. 물론 이 계약금은 초판 판매분의 인세에서 제한다. 그러나 출간 전 먼저 들어오는 계약금이 나머지 마무리 작업을 함에 있어 많은 동기 부여가 되기 때문에 적게라도 받고 시작하는 편이 좋다.

2. 인세율

인세율은 보통 7~10% 선에서 정해진다. 인세는 많이 받으면 좋겠지만 서로가 섭섭하지 않은 선에서 출판사와 협의를 하면 된다. 유명한 기성 작가들은 판매 부수에 따라 인세 지급률을 달리 계약하기도 하지만 초보 작가들은 통상 7~10% 정도가 일반적이다. 인세를 너무 적게 받으면 자신의 가치를 낮게 평가받은 것 같아 서운한 마음이 들 수 있다. 조정이 가능한 부분이니 당당하게 요구해서 협의하면 된다.

3. 계약 기간과 기타 저작물의 계약

계약 기간은 보통 5년을 기준으로 한다. 최근에는 종이책 외에 전자책도 같이 계약을 맺거나 해외 판권에 대한 내용도 계약서에 포함한다. 전자책은 저렴한 반면 판매 부수가 많지 않기 때문에 종이책보다는 인세율을 높게 책정하는 경우가 많다.

4. 기타 계약 사항

사실 출판 계약에서 가장 중요한 부분이 계약금과 인세다. 나머지 부분은 출판사와 충분히 협상할 수 있다.

예로 책이 나오게 되면 저자 증정본을 받는데 통상 10부를 증정한다. 그 외 저자가 강연의 목적이나 지인 선물 등으로 필요한 책은 출판사와 협의하여 추가로 구매할 수 있다. 보통 정가에서 30% 할인된 가격으로 구매할 수 있다.

Step 10.
출판 계약 후 해야 할 일들

투고를 할 때 전체 원고를 보낼 것을 추천하지만 정답이 있는 것은 아니다. 어떤 사람은 출간기획서와 원고 3~4개 꼭지만으로도 출판 계약을 하기도 하고, 어떤 사람은 전체 원고를 투고해도 내용이 부실하여 출판 계약을 못하기도 한다. 어느 경우라도 100% 완벽한 원고로 투고를 할 수 없기 때문에 출판 계약 후에도 많은 작업이 필요하다.

원고 작성 외에도 한 권의 책이 나오기까지는 책의 제목, 표지와 내지 디자인, 교정과 교열 등 많은 작업이 수반되기 때문에 출판사와 계약이 되었다고 해서 책 쓰기 작업이 끝난 것은 아니다. 어떻게 보면 본격적인 작업은 이때부터 시작이라고 볼 수 있다.

출판사에서는 출판 계약 후 본격적으로 책의 방향과 콘셉트에 대해서 작가와 협의를 진행한다. 유능한 편집자와 파트너가 된다면 책 쓰기에 많은 도움을 받을 수 있다. 계약 전에는 출판사에서 좋은 아이디어가 있어도 구체적으로 말해주지 않지만, 계약을 하고 나면 한배를 탄 식구가 되기 때문에 작가가 글을 잘 완성할 수 있도록 많은 부분에서 도움을 준다. 이런 방향에 맞추어 작가는 원고 수정 작업을 진행한다. 원고에 따라 천차만별이겠지만 통상 3~4개월 동안 이 작업이 이루어진다.

수정된 원고를 출판사에 보내면 출판사에서 피드백을 주고 작가는 다시 피드백을 받아 수정 작업을 하게 된다. 최종 원고의 탈고까지 적게는 3번, 많게는 10번까지도 피드백을 주고 받는다.

최종 원고를 탈고하기 전까지의 작업은 매우 지루하고 힘겨울 수 있다. 사실 나는 너무 많은 퇴고 과정을 거쳐서 그렇게 기다리던 책이 나왔을 때는 더 이상 읽기 싫을 정도였다. 퇴고 및 교정 작업 때 효과적인 나만의 노하우가 있다.

같은 글을 계속 휴대폰이나 컴퓨터로 보면 눈에 안 들어오는 경우가 많다. 교정 작업을 할 때는 원고를 실제 책 사이즈로 인쇄해서 출퇴근 시 들고 다니며 보면 내용이 훨씬 잘 들어온다. 모니터로만 봤을 때는 눈에 잘 안 띄던 어색한 문장이나 빈약한 논리 구조 등을 발견할 수 있다. 다른 사람의 책을 비판적인 시각으로 본다는 마음으로 내 원고를 봐야 좀 더 완성도 높은 책이 된다.

편집 작업에 들어가면 출판사에서는 책의 제목과 표지 디자인을 정한다. 이 과정에서 작가와 충분히 논의를 거치며, 표지 디자인의 경우 필요에 따라 설문을 통해 독자의 반응을 미리 살피기도 한다. 모든 편집 작업이 완료되면 인쇄에 들어가고 완성된 책은 서점에 배본된다. 신간은 통상적으로 약 2주간 대형 서점의 평대에 놓여 소개된다. 나의 첫 책이 서점에 진열된 모습을 보는 순간, 그동안 힘들게 책을 쓴 나의 모든 시간을 보상받는 기분이 든다. 내 책이 몇 권이나 팔렸는지 궁금해서 퇴근 후 거의 매일 교보문고에 들렀던 기억이 난다. 이 책을 읽고 있는 독자들도 꼭 책 쓰기에 성공해 이런 기쁨을 맛보길 바란다.

보통 출간 후 2주간의 판매 추이를 보고 책을 계속해서 평대에 두고 홍보할 것인지를 정한다. 따라서 이때의 홍보 및 마케팅 활동이 중요하다. 첫 책인 만큼 지인들에게 알리는 것도 좋은 판매 방법이다. 2주간 판매 실적이 좋지 못한 책은 서가로 들어가게 된다. 서가로 들어간 책은 일부러 찾아보지 않는 한 눈에 띄지 않는다. 잘 생각해보면 독서를 많이 하는 사람도 서점에 가서 서가에 꽂혀 있는 책을 일부러 찾아보는 경우가 많지 않을 것이다.

내가 힘들게 쓴 책이 성공을 거두기 위해서는 많이 판매되어야 하며, 그렇게 되기 위해서는 홍보와 마케팅에 최선을 다해야 한다. 우리는 다른 사람에게 도움이 되기 위한 책을 썼기 때문에 당당하게 지인들에게 책을 소개할 수 있다. 그리고 각종 SNS 등에도 책 정보를 올리고 지속적으로 블로그에 유사한 글을 올려 책을 노출시켜야 한다. 이 책을 위해 적어도 2,000만 원 이상을 쓴 출판사에 민폐를 끼치지 않기 위해서라도 작가도 홍보에 최선을 다해야 한다.

한눈에 보는 출간 프로세스

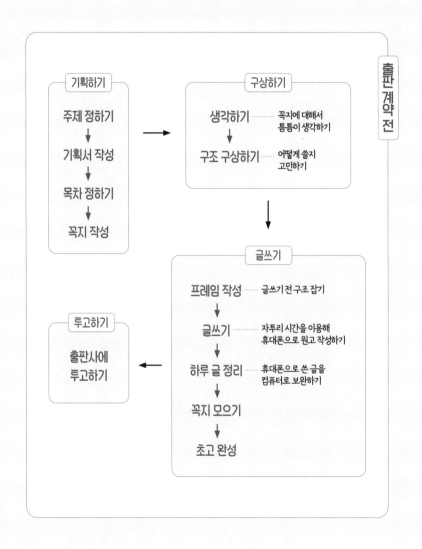

작가	출판사

원고 투고 → 이메일 / 출판사 홈페이지 → 원고 접수

내부 검토 → 원고 만족 → 미링 제안

출판 계약 미링

원고 피드백 → 원고 보완 및 수정

탈고 → 편집 작업

인쇄 및 출간

저자 홍보 / 서점 배본 및 홍보

원고 불만족 ────────────────────────▶ 거절 회신

주요 협의사항

· 인세율   · 계약금 규모
· 초판 인쇄 부수   · 계약 기간
· 출간 예정일   · 홍보 계획

────────────────────────▶ 제목, 표지 디자인

4장

퍼스널 브랜딩을 위한 책 쓰기, 어떻게 준비할까?

불가능을 가능하게 만드는 루틴의 힘

글을 잘 쓰는 데에는 특별한 방법이 없다. 컨디션이 좋을 때나 나쁠 때나 매일매일 글을 써서 생각을 연결해갈 뿐이다. 이렇게 매일 쓰기 위해서는 자신만의 일정한 루틴을 만들어 시간을 확보해야 한다. 베스트셀러 작가이자 다작을 하기로 유명한 무라카미 하루키는 책을 쓸 때 매일 새벽 4시에 일어나 하루에 5시간씩 규칙적으로 쓴다고 한다. 꼭 아침일 필요는 없지만 매일 반복해서 글을 쓰는 루틴은 꼭 필요하다. 물론 우리는 전업 작가가 아니기 때문에 하루에 4~5시간씩 써야 한다는 부담을 가질 필요는 없다. 글이 정말 쓰기 싫은 날은 독서를 해도 무방하다.

또 어떤 사람은 아침 또는 새벽 시간이 좋다고 하고 어떤 사람은 저녁 시간이 좋다고 한다. 일정하게 시간을 만들 수 있다면 아침이든 저녁이든 상관없다. 자신이 편한 시간대를 선택하면 된다.

나는 술을 좋아하기 때문에 아침형 인간보다는 저녁형 인간에 가까웠다. 그러나 퇴근 후 술을 즐기는 삶에서는 도저히 글을 쓸 수 없었다. 저녁에 술자리를 하고 나면 숙취로 아침에 일찍 일어나지 못하거나 일어난다고 하더라도 맑은 정신이 아니라서 진취적이고 좋은 글이 써지지 않았다. 술을 먹은 후 집에 와서 강한 의지로 글을 썼던 적도 있지만 술이 깨고 나면 '어떻게 이런 한심한 글을 썼을까?' 하는 자괴감을 느끼며 화가 났던 적이 많다. 지금은 고인이 된 구본형 작가도 글을 쓸 때만큼은 금주했다고 한다. 다이어트를 할 때 치팅데이가 있는 것처럼 정 마시고 싶으면 날을 정해서 주 1회 정도 기분전환하는 마음으로 마실 것을 권한다.

나는 아침형 인간이 아니었기 때문에 회사를 가야 하는 강제적인 상황이 아니면 아침에 일찍 일어나는 것을 그리 즐기지는 못했다. 하지만 앞서 말했듯이 삶을 바꾸지 않으면 글을 쓸 수 없었기 때문에 아침형 인간으로 다시 태어나야만 했다(강제적인 상황에서 일찍 일어나는 것은 진정한 의미의 아침형 인간은 아니다).

일찍 일어나는 데 가장 좋은 방법은 일찍 자는 것이다. 일찍 자기 위해서는 집에 일찍 와야 하고 집에 일찍 오려면 술자리에 가지 말아야 한다. 이런 선순환 구조를 만들기 위한 시작점이 일찍 일어나는 것이라고 생각했다. 아침에 굳이 글을 쓰지 않아도 습관만 바꾼다면 변화가 있을 것이라고 생각했다. 그래서 아침에 일찍 일어날 수 있는 동기 부여를 위해 아침 시간을 내가 가장 좋아하는 시간으로 만들었다. 당시 난 테니스에 심취해 있었기 때문에 아침 레슨을 시작했다. 레슨을 가려면 매일 새벽 5시 30분에 일어나야 했다. 내가 좋아하는 것을 하기 위해 일찍 일어나니 그나마 의욕이 생기고 지속할 수 있는 힘이 생겼다. 또한 지속적인 동기 부여를 얻기 위해 나보다 실력이 좋은 분들이 많은 클럽에 가입해 자극을 받았다.

나는 아침형 인간으로 다시 태어났다. 술을 줄이니 건강도 좋아졌고 누구보다 아침에 일찍 일어나 땀을 흘리고, 나의 실력이 어제보다 좋아졌다는 성취감을 느끼며 하루를 시작하니 숙취로 시작하는 하루와는 견줄 수 없는 성과를 돌려주었다. 책을 쓰기 위해 변화를 준 작은 습관이지만 지금 생각해보면 아침형 인간이 된 것이 책을 쓴 것보다 더 큰 성과였는지도 모르겠다.

아침형 인간이 되어보니 하루가 정말 여유로웠다. 하루를 딱 30분만 일찍 시작해도 하루 종일 여유롭다. 일찍 일어나 운동을 한 뒤 두 번째로 한 일은 책을 쓰기 위한 시간을 찾는 일이었다. 개인적으로는 저녁 시간을 선호하지만 저녁 시간은 사회생활을 하는 나에게 내 마음대로 통제할 수 있는 시간이 아니었다. 물론 책을 쓰기 위해 불필요한 약속은 잡지 않았지만 루틴이 될 정도로 정기적인 시간을 확보할 수는 없었다. 어떻게 할까 고민하다 출퇴근 시간을 활용하기로 계획을 세웠다. 이를 위해 지하철로 출퇴근하던 패턴을 버스로 바꾸었다.

지하철은 자리에 앉을 수 있는 날이 많지 않았기 때문에 불편했다. 그래서 출퇴근 시간은 좀 오래 걸리지만 앉아서 글을 쓸 수 있는 버스를 택했다.

처음에는 아날로그 방식으로 종이에 글을 썼는데, 종이에 쓰다 보니 정리가 잘 안 되는 느낌이었다. 그리고 어차피 최종 결과물은 다시 타이핑을 해야 하는데 두 번 일하는 것은 시간 낭비라는 생각이 들었다. 그렇다고 노트북을 가지고 버스에서 작업하기에는 좁은 공간이 부담스러웠고 노트북을 매번 가지고 다니기 무겁기도 했다. 그래서 '어떻게 하면 효율적으로 글을 쓸까' 하는 고민으로 메모 또는 정리와 관련된 많은 책을 보게 되었고 이를 통해 나만의 방식을 정립할 수 있었다.

먼저, 자기만의 루틴을 찾아라

내가 책을 쓰는 방식은 언제 어디서든 영감을 얻었을 때 메모를 하고 글을 쓰는 방식이기 때문에 늘 휴대하는 휴대폰을 이용해서 글을 쓰기로 마음을 먹었다. 어차피 휴대폰으로 카톡 문자나 SNS 등에 글을 쓰고 있었기 때문에 기능을 새로 익힐 필요도 없었다. 나는 책을 쓰기 위한 하루 일과를 다음과 같이 잡았다.

- ▶ 5:30 기상
- ▶ 5:30~6:30 테니스 레슨
- ▶ 6:30~7:00 출근 준비
- ▶ 7:00~8:30 출근길 버스에서 글쓰기

이렇게 버스로 출퇴근하면서 휴대폰으로 글을 썼다. 누군가는 '어떻게 그런 환경에서 글이 써지느냐'고 반문할 수 있지만 버스에서 들리는 소음은 나름 백색 소음 같고 글쓰기에 집중하다 보면 소음은 문제가 되지 않았다.

이렇게 오전에 글을 쓰고 시간이 날 때마다 글을 읽으며 내용을 수정했다. 퇴고 시간을 줄이기 위해 자투리 시간이 날 때 틈틈이 수정작업을 했다. 이런 부분이 책을 내는 데 많은 도움이 되었다.

책을 쓰기 위해서는 많은 참고 도서가 필요하다. 참고 도서의 목적은 경쟁 도서 분석을 통해 내가 쓰는 책의 차별화 포인트를 찾는 데도 있지만 내가 쓰는 책의 내용을 발전시키고 검증하는 데 반드시 필요하다. 해당 분야의 배경지식이 많은 사람이 좋은 글을 쓸 수밖에 없다. 이런 목적으로 나는 퇴근할 때 도서관에서 책을 빌려 내가 쓰고싶은 내용의 지식을 보충하고 검증했다. 당시 나의 하루 일과를 다시 정리해보면 다음과 같다.

- ▶ 5:30 기상

▶ 5:30~6:30 테니스 레슨

▶ 6:30~7:00 출근 준비

▶ 7:00~8:30 출근길 버스에서 글쓰기

▶ 9:00~18:00 자투리 시간에 글 점검

▶ 18:00~20:00 책 대여 및 참고 도서 읽기

▶ 20:00~21:00 저녁 식사

▶ 21:00~23:00 글 정리

이렇게 출퇴근 시간을 이용해 쓴 글은 저녁에 집에 와서 노트북을 이용해 다시 정리했다. 그래도 부족한 부분과 추가 자료 수집은 주말 시간을 이용하여 진행했다.

내가 만든 루틴만이 정답은 아니다. 모두 생활 패턴이 다르기 때문에 각자 자신의 상황에 맞는 루틴을 찾으면 된다. 책 쓰기는 컨디션이 좋든 안 좋든 매일 매일 해야 성공할 수 있다. 여기에 루틴의 힘을 빌리면 좀 더 수월하게 완료할 수 있다.

끈기 없는 사람도 할 수 있다

나는 루틴에 불가능을 가능하게 만드는 힘이 있다고 생각한다. 인간의 의지는 미약하다. 의지로 할 수 있는 데는 한계가 있다. 계속하기 위해서는 습관을 만들어 생활의 일부가 되도록 녹여야 한다. 루틴의 힘을 가장 잘 활용한 사람 중 한 명은 위대한 야구 선수인 일본의 스즈키 이치로라고 생각한다. 그는 평범한 신체로 거의 불가능에 가까운 일을 해냈다. 흔히 야구 선수는 대부분 20대 중후반에 전성기를 맞으며 30대에 은퇴하는데 이치로는 초등학교 4학년에 야구를 시작해 47세에 은퇴했다. 게다가 야구 역사상 엄청난 기록을 남기기도 했다.

▶ 데뷔 시 수위 타자(타율 0.3500), 최다 안타 1위(242개), 도루왕(56개)으로 리그 신인왕과 MVP 동시 수상
▶ 메이저리그 역사상 한 시즌 262안타로 최다 안타 수립(2004년)
▶ 골든글러브 10회 수상

　이치로가 이런 기록을 수립할 수 있었던 이유로 꼽는 가장 중요한 부분이 바로 루틴이다. 이치로는 1년 중 360일은 자신의 루틴을 지켰다고 한다.

　그는 컨디션을 늘 똑같이 유지하기 위해 매우 특별한 루틴을 지키기로 유명하다. TV를 볼 때는 시력을 보호하기 위해 선글라스를 쓰고 매일 아침 카레를 먹고 점심으로는 페퍼로니 피자를 먹었다. 잠자기 전 10분 동안 스윙 연습을 하며 하루를 마무리했다. 이렇게 혹독한 루틴 지키기를 통한 자기 관리가 있었기에 야구의 성지인 메이저리그에서도 특출난 기록을 만들어낼 수 있었다.

함께하면 좋은 책

▶ 《아침형인간》(사이쇼 히로시 저, 최현숙 역, 한스미디어, 2003)

이 책을 처음 읽었을 때는 대학을 막 졸업하고 회사에 다닐 때였다. '아침에 일찍 일어나면 좋은 줄 누가 몰라? 너무 뻔한 얘기 하고 있네' 하고 가볍게 넘겼다. 그러나 마흔이 넘어서 이 책을 책장에서 다시 꺼내 읽었을 때, 저녁 시간은 사회생활을 하는 한 내가 통제할 수 없는 시간임을 깨닫게 되었다. 직장인이 자유의지로 사용할 수 있는 시간은 출근 전까지의 아침 시간이 유일하기 때문이다.

아침 시간을 활용하기 위해 다시 이 책을 읽어보니 안 보이던 내용이 보였다. 아침에 일찍 일어나기 위해 어떻게 숙면을 취할 수 있는지, 부족한 잠에 도움이 되는 낮잠과 비타민에 관한 이야기 등이 새롭게 보였다. 나이가 들어 재발견하게 된 책이다.

아침 시간을 활용하고 싶은데 일찍 일어나는 것에 어려움이 있다면 이 책을 읽기 바란다. 아침에 일찍 일어나는 방법과 동기 부여를 모두 얻을 수 있다.

먼저, 책 쓰기 좋은
환경을 만들자!

사람은 의지보다 환경에 더 많은 영향을 받는다. 헬스장에 가면 운동을 더 잘할 수 있고, 도서관에 가면 책을 더 많이 보게 된다. 의지를 믿지 말고 환경부터 만들어야 한다. 책상에 앉아 졸릴 때 가장 효과적인 방법은 허벅지를 꼬집으며 졸음을 참는 것이 아니라 일어나서 환경 자체를 바꾸는 것이다.

글을 쓰기 위해서는 책을 많이 읽어야 하고 책을 많이 읽기 위해서는 주변에 책이 많아야 한다. 아이들에게도 '책을 많이 읽으라'고 말하는 것보다는 책을 많이 읽을 수 있는 환경을 만들어주는 것이 중요하다. 거실에서 소파나 TV를 치우고 책장과 독서 테이블로 꾸며보라. 책은 가장 아름다운 인테리어다.

내가 자연스럽게 책을 많이 읽을 수 있었던 이유는 책이 있는 장소가 좋아서였다. 시간이 날 때 교보문고나 영풍문고에 가면 그곳의 향기가 좋았고 분위기가 좋았다. 그리고 요리, 인테리어, 컴퓨터, 인문 등 그날그날 기분에 따라 볼 수 있는 모든 책이 있어 늘 행복했다. 책에는 향기가 있다. 오래된 책에서 나는 향, 새로 나온 책에서 나는 향, 그리고 서점에서 판매하는 각종 제품에서 나오는 향이 섞여 서점만의 향기를 만든다. 이런 향기가 좋아 서점에 자주 들렀다.

아이들을 키우면서는 책 읽는 습관을 만들어주기 위해 일단 거실을 책이 많은 도서관처럼 꾸몄다. 우리 집 거실엔 소파가 없어 누울 수 없다. 대신에 많은 책과 여럿이 앉을 수 있는 8인용 대형 테이블이 있다. 벽면에 진열된 책을 꺼내 가족끼리 음악도 듣고 커피와 차를 마시며 책을 보는 시간은 우리 가족에게 매우 유익하고 행복한 시간이다. 이제 아이들은 책을 읽으라는 말을 하지 않아도 스스로 독서를 하게 되었다. 만화책이든 잡지든 소설이든 상관하지 않는다. 종류가 무엇이든 모든 독서 경험이 모여 독서력을 키워준다고 생각하기 때문이다.

책을 많이 읽기 위해서는 거실 뿐만이 아니라 집 전체를 도서관처럼 만들어 언제 어디서든 책을 볼 수 있는 환경이 준비되어야 한다. 그래서 우리 집에는 모든 공간에 책이 있다.

거실을 도서관으로 꾸미는 일 외에 추가로 하면 좋은 것 두 가지가 더 있다. 북 박스와 전면 책장이다. 북 박스는 말 그대로 박스에 책을 담아두는 것이다. 이렇게 책을 담은 박스는 침실에 두어도 되고 화장실에 두어도 된다. 이렇게 주변에 북 박스가 있으면 책을 읽고 싶을 때 꺼내서 읽게 된다.

전면 책장은 흔히 '잡지꽂이'라고도 한다. 잡지꽂이에 꼭 읽어야 하는 책을 꽂아두면 잘 보이기 때문에 언젠가는 읽게 되는 효과가 있다. 집에 책이 많아지면 책꽂이에 들어간 책들은 잘 안 보게 되고 그러다 보면 읽으려고 샀던 책도 어느덧 잊히게 된다. 서점에도 평대에 진열되어 있는 책은 눈에 잘 띄어 많이 사게 되는데 서가에 들어가 있는 책은 일부러 찾지 않으면 눈에 띄지 않는 것과 같은 이치다.

이렇게 책을 쉽게 접할 수 있는 환경을 만들어놓으면 한 권이라도 책을 더 보게 되고 인테리어 효과도 있다. 책을 쓰기 위해서는 책을 많이 읽어야 하고, 책을 많이 읽기 위해서는 생활공간을 책이 많은 공간으로 만들어야 한다. 지인 중에 아이들의 독서 습관을 길러 주기 위해 휴대폰 없이 여행을 다니는 분이 있다. 처음에는 휴대폰이 없어 너무 불편했지만 무료함을 달래기 위해 대화를 더 많이 했고 아이들도 책을 보기 시작했다고 한다. 하루 날을 정해서 휴대폰 없이 책을 보는 날로 실행해보면 좋을 것 같다.

방을 서재로 만들어라

주변을 책을 많이 읽을 수 있는 공간으로 만들었다면 그다음 필요한 작업은 책을 쓸 공간을 만드는 것이다. 책을 쓰는 일은 매일 글을 쓰는 전업 작가가 아니라면 결코 쉬운 일이 아니다. 회사를 갔다가 오면 몸과 마음이 지쳐 있어서 누구나 반주를 한잔하며 맛있는 저녁을 먹고 TV를 본 뒤 고단한 몸을 누이고 싶을 것이다. 아니면 퇴근길 동료들과 시원한 맥주에 바삭바삭한 후라이드치킨을 먹고 싶을 것이다. 우리 일상은 때로는 공허해서 이런 휴식이 필요한 것도 사실이다. 그러나 책을 쓰기로 마음을 먹었다면 이런 모든 유혹을 이겨내고 책상 앞에 앉아야 한다. 따라서 책을 쓰는 공간을 당신이 좋아하는 공간으로 만들어야 한다. 그래야 한 번이라도 더 앉아 책을 쓸 수 있다.

우선 나는 아주 큰 갈색 책상을 사서 그 위에 유리를 깔고 방 왼쪽 구석 자리에 배치했다. 그리고 정면 벽면에는 언제든지 생각난 아이디어를 쓰거나 붙일 수 있도록 큰 메모판을 부착했다. 글쓰기 참고자료로 활용할 책을 보관하는 작은 책장, 노트북을 연결할 모니터, 음악을 들을 수 있는 스피커를 배치했다. 그 외 잡다한 물건은 다 서랍에 보관했다. 책상에 너무 많은 물건이 있으면 정신이 사나워 좋은 글을 쓸 수 없기 때문이다.

다음은 조명이다. 나는 주변이 어둡고 작업하는 공간만 밝아야 집중이 잘 된다. 그리고 형광등 불빛보다는 아늑하고 따뜻한 느낌을 주

는 할로겐 불빛이 좋아 책상에 할로겐 조명을 설치했다.

마지막으로 의자인데 의자를 마지막에 쓴 이유는 가장 중요하기 때문이다. 의자가 편해야 자주 앉게 된다. 의자는 글을 쓰지 않을 때는 뒤로 젖혀져 편하게 몸을 기댈 수 있으며 글을 쓸 때는 허리가 고정되고 목까지 받쳐줄 수 있는 것을 선택했다. 그래서 때로는 편히 의자를 눕히고 음악을 듣는 것만으로도 휴식이 되고 안정감이 느껴진다.

이렇게 내가 좋아하는 공간으로 꾸미니 앉아 있는 시간이 조금 더 늘어났고 글을 조금이라도 많이 쓸 수 있게 되었다. 편한 의자와 넓고

깨끗한 책상 앞에 앉아 주변이 어두운 상태에서 할로겐 불을 켜고 음악을 들으며 글을 쓰고 있으면 마음이 치유된다. 처음에는 글을 쓰기 위해 억지로 앉아야 했던 공간이 지금은 내가 가장 좋아하는 나만의 공간이 되었다.

누군가는 공부할 때나 혹은 글을 쓸 때 조용한 것을 좋아하지만 난 백색 소음이 있는 편이 더 좋다. 백색 소음은 마음을 조금 더 편하게 만들어 집중을 잘 할 수 있게 해준다. 그래서 난 책을 쓸 때 가사가 없는 음악을 주로 듣는다. 그리고 좋은 음악을 듣기 위해 스피커에는 조금 투자를 하는 편이다.

베스트셀러인 팀 페리스Tim Ferriss의 《타이탄의 도구들》을 보면 성공한 많은 사람들이 컨디션을 높이고 싶을 때 좋아하는 음악을 듣는다고 한다. 나는 영화 〈라스트 모히칸〉의 OST를 들으면 마음이 편해지고 정화되는 느낌을 받는다. 그래서 책을 쓸 때 그 음악을 들으며 컨디션을 끌어올리곤 한다.

가족과 함께하는
주말 책 사냥

독서를 본격적으로 시작하고 특히 책을 쓰기 시작하면서 좋은 책을 더 많이 구하고 싶은 열망이 높아졌다. 수시로 대형 서점에 가고 도서관에 들르고 헌책방에 다니다가 마음에 드는 책을 발견하면 보물이라도 찾은 듯 그렇게 행복할 수가 없었다. 문제는 이렇게 다니다 보니 가족과 함께할 시간이 상대적으로 너무 없었다. 그래서 주말에는 가족과 함께 책 사냥을 다니기로 했다.

가족과 함께하는 주말 나들이가 되도록 책방 인근의 카페, 산책로, 맛집 그리고 아이들이 좋아할 만한 코스로 동선을 짰다. 이렇게 하니 아이들의 불평을 줄일 수 있었고 나 또한 가족과 행복한 주말을 보낼 수 있었다. 책방에서 서로 관심이 가는 책을 한두 권씩 구매하고 인근의 유명한 카페나 맛집을 간다. 그러고는 함께 새로 산 책을 읽으면 더할 나위 없이 행복하다. 이렇게 책을 읽은 다음에는 아이들을 위해 활동적인 시간을 보낸다. 산책을 하기도 하고, 아이들이 좋아하는 장난감 가게를 구경하기도 한다. 이렇게 주말 일정을 짜니 모두가 만족하는 시간을 보내며 내가 원하는 책도 마음껏 볼 수 있었다.

이렇게 책을 찾아다니고 읽는 이유는, 책을 쓰려면 일단 책을 많이 읽어야 하기 때문이다. 화가는 그림을 잘 그리기 위해 습작을 하고 가수는 다른 사람들의 노래를 부르며 연습을 한다. 그리고 일정 수준에 도달하면 자신만의 화풍, 자신만의 창법을 만들게 되는 것이다. 글도 마찬가지다. 다른 좋은 작가들의 책을 많이 읽어봐야 좋은 글을 쓸 수 있다. 맛있는 음식을 먹어봐야 맛있는 요리를 할 수 있는 이치와도 같다.

온라인에서 책을 구매할 수도 있지만 책은 직접 보면서 구매하는 것을 추천한다. 먼저 표지나 제목이 눈에 띄는 책을 고른 뒤 목차를 보고 마음에 들면 서문, 저자 소개를 읽어본다. 마지막으로 마음에 드는 목차 중 관심이 가는 부분을 가볍게 읽어보고 내용까지 좋으면 구매를 결정한다.

이렇게 신중히 골라도 막상 집에 와서 천천히 읽어보면 생각했던 것과 다를 때가 많다. 이런 과정을 거치지 않고 인터넷에서 슬쩍 훑어보고 구매하면, 좋은 책을 고르지 못하는 경우가 더 많다. 그리고 희한하게 책은 내가 직접 만져보고 골라야 더 애착이 간다. 또 읽고 싶은 책은 그날 사서 바로 읽어야 내용이 더 잘 들어온다. 먹고 싶은 음식도 그날 생각났을 때 먹어야 하듯이 책도 읽고 싶을 때 바로 읽어야 효과가 더 좋은 것 같다. 책을 현장에서 구매할 수 있는 곳은 대형 서점 외에 헌책방도 있다. 구매가 부담스러우면 대여를 할 수 있는 도서관도 있다. 각각 장단점이 있으니 너무 한 곳만 고집하지 말고 여러 곳을 다니면서 책 사냥을 하는 것을 추천한다.

● 최신 트렌드를 알고 싶다면, 대형 서점

대형 서점의 가장 큰 장점은 최근에 출간된 책을 가장 빨리 많이 볼 수 있다는 데 있다. 따라서 출판의 최신 트렌드를 가장 잘 읽을 수 있는 곳이다. 실제로 대형 서점에 가서 평대에 있는 책의 제목만 보며 한 바퀴 돌아도 그 시점의 사회적 트렌드를 읽을 수 있다. 대형 서점은 쾌적하고 넓은 공간을 제공하며 최근에는 책 외에 가전제품, 문구도 판매하고 카페나 식당도 같이 있어 복합 문화 공간의 역할을 제공해주니 매우 유용하다. 대형 서점의 몇 안 되는 단점은 상대적으로 오래된 책은 구하기 힘들고, 책을 정가에 사야 한다는 데 있다.

우연히 좋은 책을 발견할 수 있는 곳, 중고 서점

우리가 중고 서점에 가는 이유는 책을 저렴하게 구매할 수 있다는 점 때문이다. 그러나 내 생각은 조금 다르다. 일반 서점이든 중고 서점이든 책이 너무 많기 때문에 우리는 모든 책을 보고 고를 수 없으며 주로 평대에 진열된 책 또는 베스트셀러 코너에 소개되는 책들 위주로 보고 구매를 한다. 대형 서점에서는 최신 트렌드를 파악할 수 있다는 장점이 있는 반면 지나간 베스트셀러는 보기가 쉽지 않다. 중고 서점은 이런 대형 서점의 단점을 보완해준다.

책을 살 때 미리 '어떤 책을 사야지' 하고 계획하는 경우도 있지만 그날 보고 마음에 드는 책을 사는 일도 많이 있다. 중고 서점에서 우연히 좋은 책을 발견하는 기분은 마치 모래사장에서 보물을 찾는 느낌이다. 그냥 그 자체만으로도 너무 설레고 행복하다. 거기에 가격마저 정가보다 저렴하니 만족도는 훨씬 높다. 이런 경험을 더 많이 하고 싶으면 프랜차이즈 중고 서점 말고 역사를 간직한 오래된 중고 서점에 가볼 것을 권한다. 나에게 말을 걸어오는 책, 나에게 읽히고 싶은 책이 기다리고 있다.

부담 없이 매일 갈 수 있는 곳, 도서관

책을 한 달에 한두 권 정도 읽을 때는 책값이 크게 부담되지 않는다. 그러나 일주일에 두세 권씩 읽게 되면 책값이 다소 부담이 된다. 책을 많이 읽다 보면 구매를 할 만한 책, 가볍게 넘겨볼 책 등 자신만의 기준으로 등급을 나누게 된다. 군이 구매할 필요가 없는 책은 도서관에서 대여해 보면 된다. 반대로 대여를 해서 봤는데 의외로 내용이 좋아서 구매하는 책도 있다.

대형 서점이든 중고 책방이든 도서관이든, 책을 많이 보고 접하는 것이 중요하다. 책과 친해져야 책을 쓸 수 있기 때문이다. 각 장단점을 잘 활용하면 좋은 책 읽기 습관을 바탕으로 저자가 되는 그날이 올 것이다.

가방에 무조건
책 3권을 가지고 다녀라

'책을 많이 읽으려면 어떻게 해야 할까?'

많이 받는 질문이다. 나도 처음 독서를 시작했을 때 어떤 날은 책이 잘 읽히고 어떤 날은 한 쪽도 읽기 싫어, 꾸준히 독서를 이어 나가는 일이 정말 어려웠다. 처음에는 책을 한 권만 가지고 다녔으나 독서가 어느 정도 습관으로 자리를 잡았을 때는 가방 속에 항상 책이 3권 정도 들어 있었다. 3권은 각각 분야가 달랐다. 당시 내가 관심이 있는 분야는 자기계발, 재테크, 영어, 요리, 물고기 기르기 등 다양했다.

집을 나설 때 읽고 싶은 책을 모두 가져갈 수 없어서 한 권을 선택해 들고 나가면 막상 읽고 싶지 않은 경우가 많았기 때문에 3권 정도는 늘 지니고 다녔다. 집을 나설 때의 기분과 책을 읽을 때의 기분이 달라서였다. 읽고 싶은 책이 하루에도 수시로 바뀐다. 책은 읽고 싶은 것을 읽을 때는 내용이 쏙쏙 들어오지만 그렇지 않은 경우는 기계적으로 읽으니 내용이 도통 들어오지 않는다.

그래서 방법을 바꾼 것이 그냥 책을 3권 정도 가지고 다니는 거였다. 조금 무겁기는 하지만 그래도 책 3권 정도는 가지고 다닐 만한 무게다. 요리책이 보고 싶으면 요리책을 보고, 영어 공부를 하고 싶으면 영어책을 보고, 재테크가 궁금하면 관련 전문 서적을 봤다. 이렇게 하다 보니 독서를 하는 시간이 늘어났으며 책과 조금 더 가까워질 수 있었다. 그때그때 읽고 싶은 책을 읽으니 능률이 올라갔다. 누군가는 '사진과 그림으로 된 요리책 보는 것이 독서에 무슨 도움이 되느냐'고 반문할 수도 있지만 적어도 의미 없이 휴대폰을 보는 것보다는 독서의 흐름을 이어가는 데 도움이 된다. 뭐든 꾸준히 하기 위해서는 흐름이 중요하다.

책을 3권씩 가지고 다니는 이점은 다른 곳에도 있다. 책을 한 권만 가지고 나와 읽어 봤더니 내용이 생각하던 것과 많이 달라 실망하는 때가 있다. 이런 경우 만약 다른 책이 없다면 그날은 독서를 못하는 것이다. '하루 책을 안 읽으면 그만이지'라고 생각할 수도 있지만 책 읽기가 습관으로 자리 잡으면, 시간은 있는데 읽을 책이 없는 것은 시간을 낭비하는 것처럼 느껴진다.

책이 눈에 들어오지 않는다면, 과감하게 덮어버리자

글이 전혀 눈에 들어오지 않는 날이 있다. 대부분 이유는 지금 읽는 책이 내가 현재 삶에서 고민하는 부분과 거리가 있어서이다. 예를 들면 지금 회사에서 영어 성적이 안 나와 진급 심사를 걱정하고 있는데 영어책 외 다른 책을 보면 머릿속에 들어오지 않게 마련이다. 이럴 때는 영어 학습과 관련된 책을 보는 것이 효율적이다. 눈에 들어오지 않는 책을 계속해서 읽는 것 또한 시간 낭비다.

이때도 형식이 조금씩 다른 책을 3권 정도 가방에 넣고 다니면서 보면 효율적이다. 영어 학습 노하우, 즉 효율적인 학습법과 관련된 책, 문법과 관련된 책, 영어 단어와 관련된 책을 넣고 다니면서 그때마다 흥미가 생기는 책을 보면 머릿속에 더 잘 들어오게 된다. 영어 학습서를 보다가 깨우친 부분을 문법책에서 어떻게 표현되었는지 찾아보고 또 이런 내용을 더 심도 있게 공부하기 위해 연관 단어를 관련된 책에서 찾아보면 서로 시너지 효과가 있어서 내용이 머릿속에 더 잘 들어오게 된다.

이는 영어책에만 해당하는 부분은 아니다. 경매 공부를 하든, 회계 공부를 하든, 또는 다른 기타 재테크 공부를 하든 여러 가지 분야에 적용할 수 있다. 주제가 같더라도 책마다 표현하는 방식이 각각 다르기 때문이다. 이런 방법으로도 책이 눈에 들어오지 않고 내용이 이해되지 않는다면 잠시 독서를 쉬는 것도 방법이다. 억지 책 읽기는 남는 것이 없는 시간 낭비다. 쉬다가 간절함이 커지면 다시 독서를 할 수 있으니 크게 걱정할 필요는 없다.

● 운전할 때는 오디오북을 들어보자

일상에서 이동하는 시간은 생각보다 규칙적이고 자주 발생한다. 하루를 3등분 하면 일하는 시간 8시간, 자는 시간 8시간, 자유시간 8시간으로 크게 나눌 수 있다. 이 중 우리가 활용할 수 있는 시간은 자유시간 8시간이다. 이 8시간 중 우리는 2시간 정도, 즉 자유시간 중 25%에 해당하는 시간을 이동에 사용한다. 따라서 이 시간을 어떻게 효율적으로 쓰는지가 중요하다.

대중교통을 이용한다면 책을 쓸 수도, 읽을 수도 있다. 문제는 본인이 직접 운전을 해야 하는 경우다. 이럴 때는 책을 읽을 수도, 쓸 수도 없다. 이때 활용할 수 있는 방법이 바로 오디오북이다. 운전하는 동안 오디오북을 들으면 책을 읽는 것과 같은 효과를 거둘 수 있다. 라디오를 듣는 것보다 훨씬 효율적으로 시간을 보낼 수 있다.

다작을 한 경영학의 아버지 피터 드러커는 책을 쓸 때도 음성을 녹음하면 비서가 타이핑하는 방식으로 책을 썼다고 한다. 손발이 묶여 있어도 의지만 있으면 책을 읽을 수도, 쓸 수도 있다.

블로그나 브런치에
매일 글 한 편 올리기

책을 한 권 쓰기 위해서는 사실 많은 인내와 끈기가 요구된다. 어떠한 계기로 책 쓰기를 시작했다 하더라도 스스로 동기 부여가 되어 마무리를 하기란 쉽지 않다. 현업에 쫓기고, 집에서 발생하는 일을 이것저것 처리하다 보면 책을 쓰는 시간을 확보하기도 어렵고 시간이 있어도 마음의 여유를 갖기란 어렵다. 경험상 책 쓰기를 포기하는 과정은 다음과 같다.

▶ 어떠한 계기로 책 쓰기 시작 → 틈나는 대로 불규칙적으로 씀 → 회사 일 또는 집안일로 글 쓰는 횟수 감소 → 글쓰기 목적 희석 및 횟수 감소 → 중단

독한 마음으로 글쓰기를 시작해 시간이 날 때마다 최선을 다해서 쓰지만, 결국 글이 정리되지 않고 현실의 우선순위에 밀려 조금씩 글 쓰는 횟수가 감소하고 급기야 잊히고 만다. 몇 년이 지나 '내가 그때 그 책을 끝까지 썼어야 했는데' 하고 후회한다. 그 후 우연히 들른 서점에서 자신이 생각한 내용과 유사한 컨셉의 책이 출간된 것을 보고 땅을 치며 후회하게 된다.

아무리 좋은 아이디어가 있어도 실천하지 않으면 아무 소용이 없다. 우리가 멈춰 있는 사이 누군가는 계속 묵묵히 자기 할 일을 하기 때문이다. 세상은 어떤 일을 '하려고 했던' 사람을 기억하지 않는다. 그 일을 '만들어내고 완성한' 사람만을 기억할 뿐이다.

책 쓰기를 꾸준히 하기 위해서는 책을 쓰는 이유가 명확해야 하고, 스스로 동기 부여가 되어야 한다. 자신이 한 행위에 대한 피드백이 있어야 지속적인 동기 부여가 되어 계속할 수 있는 힘이 생긴다.

글쓰기에서 피드백을 받을 수 있는 가장 좋은 방법은 블로그나 브런치 등에 글을 쓰는 것이다. 글을 읽은 사람들이 남기는 댓글은 직접적인 피드백이 되고, 방문자 수가 늘어나는 것은 간접적인 피드백이 된다. 내가 쓴 글의 조회 수가 올라가면 왠지 뿌듯한 마음이 든다. 그래서 글을 또 쓰게 되고 이렇게 자료가 모이면 책이 되는 것이다.

블로그 또는 브런치에 글을 쓰면 다음과 같은 장점이 있다.

1. 책 쓰기 자료를 정리할 수 있다

책을 쓰기 위한 글쓰기와 블로그 글쓰기는 형식이 다르기는 하다. 블로그에 쓰는 글은 책 쓰기의 글보다 조금 더 시각화되고 간결해야 많이 읽힌다. 그러나 우리의 목적은 책 쓰기고 블로그는 보조 수단이기 때문에 이런 형식에 얽매이지 말고 쓴 글을 정리해서 올리다보면 책을 내기 위한 글이 차근차근 모인다.

실제로 나는 책을 쓸 때 예전에 블로그에 올렸던 글을 많이 참고하는 편이다. 책을 쓰면서 유사한 내용이 있으면 블로그에서 예전에 썼던 내용을 찾아서 읽어보고 첨삭을 한 후 책에 넣는다. 불필요한 부분은 정리하고 추가로 필요한 내용은 자료를 보강하여 글을 쓰면 아무것도 없는 상태에서 글을 쓰는 것보다 훨씬 큰 도움이 된다. 블로그는 책을 쓰기 위한 자료 저장소가 되는 것이다.

2. 실시간으로 피드백을 받을 수 있다

블로그에 글을 쓰는 목적은 기록도 있지만 내 글을 읽은 사람들과의 소통도 있다. 책을 내기 전 여러 사람들에게 내 글을 검증받을 수 있고, 잘못 알고 있는 부분에 대해 수정할 수 있는 기회도 된다. 부정적인 피드백으로 상처를 받을 때도 있지만 이는 실수를 발견하지 못해 책이 출간된 후 독자들로부터 받는 비난보다는 덜 아프다고 생각한다.

실제로 블로그에 올려서 부정적인 피드백 혹은 내용이 잘못되었다는 피드백을 받는 경우가 있다. 이런 때는 내가 쓴 내용을 다시 한 번 살펴 댓글에서 말하는 부분을 검증하고, 수정하곤 한다. 이런 과정을 거치면 조금 더 완성도 높은 글을 쓸 수 있다.

3. 독자의 반응을 예상할 수 있다

블로그나 브런치에 글을 써보면 어떤 글은 사람들의 관심이 높고 어떤 글은 관심이 없는 것을 알 수 있다. 책을 내기 전 예상 독자들이 어떠한 부분에 관심이 있는지 사전에 알게 되면 책을 쓰는 방향을 수정하고 보완하는 데 많은 도움이 된다.

네이버 블로그는 포스팅한 글 중 어떤 글을 사람들이 많이 봤는지 통계를 내준다. 일간, 주간, 월간 통계를 제공하기 때문에 여러 가지 주제의 글 중 사람들이 어떤 글에 관심이 있는지 혹은 내가 어떻게 포스팅을 했을 때 반응이 좋은지 살펴볼 수 있다.

4. 출간으로 연결될 수 있다

최근에는 원고 투고를 하지 않고 블로그나 브런치를 통해서 출간을 하는 작가들도 늘어나는 추세다. 책을 쓰는 작가 입장에서는 책을 출간해줄 좋은 출판사를 찾는 것이 목적이지만, 출판사에서도 마찬가지로 예비 작가의 좋은 글을 찾는 것이 목표다. 그래서 많은 출판사의 편집자들이 책이 될 수 있고 상업적으로 성공할 수 있을 만한 글을 블로그나 브런치에서 수시로 찾는다. 따라서 블로그나 브런치는 작가에게 글쓰기 작업을 위한 공간이자 운이 좋으면 힘들게 원고 투고를 하고 마음을 졸이지 않아도 출간으로 연결될 수 있는 매개체이기도 하다. 돈이 들지 않는 일이니 하지 않을 이유는 없다고 생각한다.

아날로그 글쓰기
vs. 디지털 글쓰기

언제부터인가 우리는 아날로그 방식으로 글을 쓰지 않게 되었다. 손 편지 자리는 이메일이 차지했고 간단한 메모도 이제 휴대폰을 이용해서 쪽지를 주고받는다. 거의 모든 글쓰기가 디지털화되었다. 종이와 펜이 없어도 우리는 살아가는 데 아무 불편함이 없게 되었다. 그러나 아직도 글쓰기에는 종종 아날로그 방식이 필요하다.

책을 읽다가 영감을 얻었을 때 가장 빨리 메모를 할 수 있는 방법은 종이에 펜으로 쓰는 것이다. 기록을 위해 휴대폰을 켜고 메모 앱을 실행하면 늦을뿐더러 가끔 도식이나 그림을 그려야 하기 때문에 조금 불편하다. 물론 요즘에는 디지털 펜이 나와 가능은 하지만 나는 메모를 할 때는 아날로그 방식이 익숙해서 그런지 더 편하게 느껴진다.

디지털로 메모를 하거나 드로잉을 하면 생각을 글로 표현하는 것
보다는 기능을 실행하는 데 뇌를 사용하게 되므로 생각에 온전히 집
중할 수 없다. 디지털화가 되기 전에 많은 시간을 아날로그 방식으로
살아와 아직도 몸에서는 아날로그 방식을 선호하는 탓도 있는 것 같
다. 그러나 생각을 조금 더 넓혀보면 아날로그 방식과 디지털 방식은
확실히 차이가 있다.

▶ 아날로그 방식: 생각을 자유자재로 표현할 수 있지만 관리가 어렵
다. 분실의 위험도 있다.
▶ 디지털 방식: 기록한 메모의 수정 및 변환이 쉬우며 관리가 용이하
다. 그러나 아날로그 방식에 비해 작성 시 표현의 제한이 있다.

우리가 디지털 작업을 하는 이유는 용이한 수정 및 변환과 손쉬운
복제의 기능에 있다고 생각한다. 건축 도면 작업을 예로 들어보자.
나는 대학에서 건축을 전공했다. 1995년도 입학 당시 도면 작업은
모두 수작업으로 했으며 최종 수업 발표를 할 때는 대형 패널에 모든
도면을 옮겨 그리는 작업을 했는데 잘못 그리면 수정이 어려웠다. 그
래서 일단 투명한 종이에 도면을 그리고 그 종이를 패널 위에 깔고 볼
펜으로 따라 그리며 패널에 자국을 만들었다. 이렇게 먼저 선을 따놓
으면 도면 작업을 할 때 실수를 줄일 수 있다. 우리는 이런 작업을 '눌
러 박기'라 불렀다.

그런데 군대를 다녀오니 세상이 변해 있었다. 모든 사람이 더는 손으로 도면을 그리지 않고 CAD를 이용해 컴퓨터로 도면을 그렸다. 처음 기능을 익히기까지 오랜 시간이 걸렸고 불편했다. 그러나 잘못 그려도 '뒤로 가기' 버튼만 누르면 언제든 수정이 가능했다. 더 이상 눌러 박기를 할 필요가 없다는 점이 매우 매력적이었다. 또한 도면을 다시 그릴 필요도 없이 CTRL+C, CTRL+V만 누르면 1초도 안 걸려 도면을 복제할 수 있었다. 디지털화는 건축 도면 작업에 너무나 편리한 기능을 제공했다.

그러나 돌이켜 생각하면 안 좋은 점도 있었다. 기하학적인 디자인을 하고 싶은데 컴퓨터로 표현할 방법을 몰라 디자인을 포기하기도 했고, 계속 컴퓨터로 작업을 하니 손으로 그리는 감각을 잃어갔다.

더 안 좋은 것은 창의적인 작업을 해야 하는 건축디자인이 컴퓨터 기능 때문에 점차 제한되었다는 점이다. 직장 생활을 하는 사람이라면 누구나 한 번쯤은 유사한 경험이 있을 것이다. 회사에서 처음 PPT 작업을 할 때 많은 사람이 '템플릿'이라는, 누가 먼저 만들어 놓은 포맷을 사용한다. 문제는 기능을 잘 모르니 자기 생각을 표현하는 과정에서 생각을 이 포맷에 맞추게 된다는 것이다.

언젠가 기획안을 작성할 때, 프로젝트의 장점으로 세 가지면 충분한데 템플릿이 네 개의 항목으로 디자인되어 있어 말도 안 되는 한 가지 아이디어를 추가했던 기억이 난다.

긴 이야기를 한 이유는 디지털로 하는 메모는 생각을 자유롭게 표현하는 데 제약을 가져온다는 말을 하고 싶어서다. 그래서 디지털 문화가 발달한 지금도 대부분의 디자이너는 핸드 드로잉으로 초안을 만들고 많은 회사의 기획자들도 아날로그 방식으로 기획 초안을 만든다. 디지털이 발전한 지금도 크리에이티브한 작업을 위해서는 여전히 아날로그 방식의 메모나 손 글씨가 필요하다는 것이다.

● 글쓰기를 도와주는 좋은 필기구는?

손 글씨를 많이 쓰기 위해서는 좋은 필기구가 도움이 된다. 나는 글쓰기를 선호하는 편은 아니었다. 이유는 단순했다. 악필이었기 때문이다. 왠지 내가 써 놓은 글을 보면 글씨가 예쁘지 않아 화가 났다. 그래서 점점 손 글씨를 쓰는 일이 줄어들었다. 그러나 책을 내기 위해서는 아날로그 방식의 메모가 필요했다. 그래서 다시 쓰기 시작했지만 여전히 예쁘지 않은 글씨로 인해 메모가 전혀 즐겁지 않았다. 즐겁지 않다 보니 또다시 잘 안 쓰게 되는 악순환이 반복되었다.

그러던 어느 날 지인이 안 쓰는 만년필 한 자루를 선물로 주었다. 처음 써보는 만년필이었지만 필기감이 너무 좋아 놀랐다. 악필임에도 글쓰기가 즐거워졌다. 그렇게 펜에 관심을 갖게 되었다. 그 이후로 문구류를 사러 다니는 일은 너무 행복한 일상이 되었다. 급기야 캘리그라피 강좌를 등록해 본격적인 글쓰기를 시작하게 되었고, 이제는 조용한 방에서 음악을 들으며 붓글씨를 쓰고 있으면 마음이 정리되고 안정을 찾을 수 있게 되었다.

글씨가 악필이라 글쓰기가 재미없다면 문구류에 먼저 관심을 가져보자. 그러다 보면 글쓰기가 즐거워지는 날이 올 것이다. 다음은 내가 캘리그라피를 배울 당시 가족 여행을 기록하기 위해 작업한 사진이다.

글쓰기에 도움이 되는
애플리케이션

책을 쓸 때 '글만 쓰면 된다'라고 생각하는 사람이 많은 듯하다. 물론 글만 써서 책을 완성할 수도 있다. 그러나 우리가 쓰는 책은 자신의 경험을 바탕으로 다른 사람들에게 도움을 주는 실용서일 가능성이 매우 높다.

실용서에는 이해를 돕기 위해 그림이나 도식, 도표 등이 들어간다. '이런 부분은 출판사에서 해주겠지' 생각할 수도 있지만 책의 완성도를 높이기 위해 컴퓨터 프로그램을 사용하여 적극적으로 원고를 집필하기를 권한다. 마치 영화를 만드는 감독처럼 내 책에 들어가는 모든 요소를 진두지휘하여 직접 구성하는 것이다. 크게 어려울 것은 없다. 우리는 이미 일상생활에서 많은 프로그램을 사용하고 있다.

다음은 책을 쓰기 위해서 함께 사용하면 좋은 애플리케이션들이다.

	에버노트	휴대폰, 노트북, 컴퓨터 등 모든 기기에 연동이 가능하여 초고 작업 시 글을 쓰고 저장하기에 용이함
	킵	영감이 떠올랐을 때 바로 메모하기에 용이함
	드롭박스	다른 기기에서 작성한 다양한 자료를 업로드, 다운로드 할 수 있음. 노트북에서 작업한 내용을 휴대폰으로 바로 옮길 수 있고 반대의 경우도 가능함
	한글	최종 원고 작업은 한글로 해야 하기 때문에 꼭 필요함
	엑셀	책에 들어갈 도표 등을 만들 때 유용함
	파워포인트	책에 들어가는 도식 등을 만들 때 유용함
	일러스트레이터	책에 넣을 개념도나 그림을 그릴 때 유용함
	포토샵	그림이나 사진을 편집할 때 유용함

휴대폰 글쓰기는 에버노트로

에버노트는 글쓰기에서 핵심적인 애플리케이션이다. 사용료를 내지 않는 베이식 버전도 2개의 기기에서 무료로 연결할 수 있다. 따라서 휴대성이 좋은 휴대폰을 이용해 글을 쓰고 다시 노트북으로 접속하여 정리할 수 있는 장점이 있다. 3개 이상의 기기에 동기화하여 사용하고 싶으면 프리미엄 서비스를 이용하면 된다.

에버노트의 장점은 글쓰기뿐만 아니라 참고자료나 참고 도서를 발견했을 때 사진으로 촬영하여 저장하는 기능을 제공한다는 점이다. 쓰고 싶은 주제의 노트를 만든 후 필요한 자료를 모을 때도 매우 유용하다.

에버노트 외에도 요즘에는 클라우드 저장 방식의 서비스를 제공하는 많은 메모 및 정리 애플리케이션이 여럿 있기 때문에 본인에게 편한 애플리케이션을 사용하면 된다. 그러나 언제 어디서나 작업이 가능한 클라우드 방식의 프로그램을 사용해야 하며, 가능하면 망해서 없어지지 않을 것 같은 회사의 프로그램을 사용하길 권한다. 기껏 열심히 자료를 모으고 정리했는데 회사가 망해 더는 서비스를 제공하지 않게 되면 그동안 열심히 작성하고 모은 자료를 잃어버릴 위험이 있다.

자료의 이동 저장이 용이한 드롭박스

책을 쓰다 보면 글만 쓰는 경우도 있지만, 사진이나 도표 등이 포함되는 경우도 있다. 휴대폰에서 저장한 자료도 있을 수 있고 노트북으로 찾은 자료도 있을 수 있다. 휴대폰에 저장된 자료를 매번 컴퓨터로 옮기면 매우 불편하다. 이런 자료를 한곳에 모아 다시 다른 기기에 다운로드할 수 있게 도와주는 애플리케이션이 필요하다. 이때도 클라우드 기반으로 운영되는 서비스를 이용하길 바란다.

나는 2GB 이상의 무료 저장 공간을 제공하는 드롭박스를 사용하고 있다. 에버노트와 기능이 비슷해 보이지만 에버노트의 핵심 기능은 메모이며, 드롭박스의 핵심 기능은 자료의 저장과 이동이다.

도표와 그림을 그릴 수 있는 MS 오피스 프로그램

도표와 도식을 넣거나 독자들의 이해를 돕기 위해 그림을 그려야 할 때도 있다. 출판사에서 그려줄 수도 있지만 작가가 기본적인 작업은 해야 한다고 생각한다.

다행히 대부분의 사람이 MS 오피스 프로그램 정도는 사용할 수 있으며, 엑셀이나 파워포인트를 활용하면 대부분의 도표 및 도식을 그릴 수 있다. 책의 완성도를 높이기 위해서 그림을 그려야 하는 경우에도 포토샵이나 일러스트레이터의 기능을 사용하면 좋다. 요즘은 책을 내려는 사람들이 많기 때문에 이런 작업도 신경쓴다면 좀 더 완성도 높고 차별화된 책을 쓸 수 있다.

필요한 그림을 직접 그릴 수 있는 포토샵과 일러스트레이터

책 쓰기 작업을 하다 보면 글이나 도표만으로 설명이 어려운 경우가 있다. 내가 쓴 영어 말하기 책에서는 정확한 발음을 위한 소리의 위치가 그런 경우였다. 이런 때 그림으로 설명하면 이해하기 쉽게 전할 수 있다. 그러나 그림이 없고 글로만 설명하면 전달력이 많이 떨어졌을 것이다.

나만의 비밀 공간,
책 쓸 때 가는 카페 정하기

책을 써서 영국의 엘리자베스 여왕보다 더 큰 부를 이룬 사람이 있다. '해리 포터' 시리즈의 작가 J. K. 롤링이다. 롤링은 책을 쓸 공간이 따로 없어 대부분의 글을 카페에서 썼다고 한다.

직장인으로서 책을 쓴다는 것은 어떻게 보면 롤링과 입장이 비슷하다. 회사에서는 하루 종일 일을 하고 집에 가면 눈앞에 보이는 집안일과 육아를 나 몰라라 할 수 없다. 그러나 책을 쓰다 보면 그동안 써 온 글을 정리할 시간이 필요하며, 이런 정리 작업을 해야 할 때는 차분히 앉아서 작업을 할 수 있는 공간이 필요하다.

나도 첫 책을 쓸 때 이런 공간을 찾기 위해, 내가 편하게 갈 수 있는 카페를 찾았다. 지금은 스터디카페도 많으니 이런 곳을 가는 것도 도움이 될 것 같다. 나는 간단히 저녁을 해결하고 여유롭게 커피를 한잔 할 수 있는 카페가 좋다. 이런 작은 사치는 책을 쓰는 나에게 주는 선물이다. 책을 쓰기 위해서는 많은 인내가 필요하며 때로는 동료나 친구들과 시원한 맥주를 한잔하고 싶은 유혹을 뿌리쳐야 하기 때문에 틈틈이 자신에게 이런 보상을 해줘야 한다.

나만의 글쓰기 공간인 카페를 고르는 데도 몇 가지 팁이 있다. 개인 성향의 차이가 있기 때문에 팁을 참고하여 자신만의 방법을 찾아보길 권한다.

1. 집 근처에 있는 카페를 찾아라

책을 쓰다 보면 그날 컨디션이 좋아 늦게까지 쓰게 되기도 한다. 이때 만약 집에서 먼 카페라면 시간이 갈수록 집에 가야 한다는 생각에 부담이 생기며 마음이 급해진다. 그래서 언제든 편하게 귀가할 수 있는 집 근처 카페가 마음이 편하다.

2. 대형 카페를 찾아라

오랜만에 시간을 내서 글을 정리하는 만큼 2~3시간은 필요하다. 규모가 작은 카페에 2~3시간 자리를 차지하고 있으면 음료를 추가로 주문하더라도 마음이 편치가 않다. 그래서 나는 되도록 규모가 큰 카페에 간다. 대형 카페에서는 구석자리에 앉아서 부담 없이 작업을 할 수 있지만, 작은 카페에서는 일하는 분들께 계속 노출이 되기 때문에 자리를 비켜줘야 한다는 부담이 생긴다.

3. 편한 공간이 있는 카페를 찾아라

마음이 편해야 글이 잘 써진다. 나는 너무 오픈된 공간보다는 가구나 식물로 스크린이 처져 있는 공간이 좋다. 왠지 마음이 편하고 안정감이 들기 때문이다. 그리고 전자기기를 많이 쓰기 때문에 전원 케이블이 있는 장소를 골라야 한다. 나는 심리적 안정감을 느끼기 위해 구석자리를 선호한다.

책 쓰기는 때로 외로운 작업이다. 그래서 나는 도서관처럼 조용한 공간보다는 약간 소음이 있는 곳을 선호한다. '편한 공간'의 정의는 개인마다 다르고 정답은 없다. 그렇기 때문에 주변 여러 카페를 다녀보고 분위기나 공간이 자신과 잘 맞는 나만의 아지트를 찾으면 된다.

5장

책 쓰기에 관한
모든 질문 그리고 답

Q. 평범한 사람도
책을 쓸 수 있을까요?

세상에 쉽게 정의 내리기 어려운 직업이 몇 가지 있다. 예를 들면 가수, 화가, 작가 등이다. 변호사, 의사 등은 국가에서 자격증을 준다. 직업으로서 그 일을 해도 된다는 자격을 인정하는 것이다. 그러나 가수, 화가, 작가는 이런 기준이 없다. 그렇다고 아무나 가수, 화가, 작가라고 하지는 않는다. 그림으로 상을 받으면 화가일까? 자기 이름으로 책을 내면 그때부터 작가일까? 예술 분야에서 이를 구분하기란 매우 어렵다.

그림을 그리는 화가는 미술을 전공으로 졸업을 하고 일정 규모 이상의 개인전을 하면 데뷔를 했다고 하고 그때 팔린 그림의 가격이 그 화가의 기준 가격이 된다고 한다. 구분이 없는 것을 일부러 구분하려했다는 느낌이 들지만 그나마 화가의 기준을 만든 것 같기는 하다.

예술 분야에서는 자격을 증명하는 증서가 없다. 내가 작가라고 생각하면 작가인 것이고 화가라고 생각하면 화가인 것이다. 그러나 이렇게 생각하면 누구나 말하는 것만으로 작가나 화가가 되기 때문에 다음과 같이 선언하고 싶다.

'매일 글을 쓰면 작가이고, 매일 그림을 그리면 화가이다.'

요리사는 누가 시키지 않아도 매일 요리를 하고 운전사는 매일 운전을 한다. 이런 논리로 매일 글을 쓰거나 그림을 그리면 '나는 작가다' 또는 '화가다'라고 말할 수 있다고 생각한다. 실력이 출중하냐 아니냐는 그다음의 문제다. 그러므로 우리는 누구나 작가가 될 수 있지만 모두가 작가는 아닌 것이다.

작가가 되고 싶은가? 그럼 매일 글을 쓰고 '지금부터 나는 작가다'라고 생각하면 된다.

작가의 길에 들어서 출간을 생각하고 있는 사람들은 몇 가지 공통점이 있다. 수십, 수백 편의 미완성 원고가 이미 머릿속에 있다는 것이다. 글쓰기를 좋아하고 실제로도 가끔 글을 쓰지만 체계적으로 정리가 되지 않아 출간하지 못하고 있을 가능성이 매우 높다. 글을 쓰는 것과 하나의 일관된 주제로 엮어 책을 내는 것은 또 다른 일이기 때문이다. 그러나 이미 매일 글을 쓰고 있다면 마침내 책을 출간하게 될 가능성이 매우 높다고 봐도 된다.

　시중에 나와 있는 글쓰기 책들을 보면 비슷한 부분도 있고 다른 부분도 있다. 작가의 관점에 따라 글쓰기에 관한 생각과 접근 방식이 다르기 때문이다. 그럼에도 공통적으로 말하는 조언이 한 가지 있다. 바로 '매일 하루도 빠지지 말고 글을 쓰라'는 것이다.

　베스트셀러 작가 구본형은 검객이 매일 수련하지 않으면 목숨이 위태롭듯이 작가가 매일 글을 써야 한다고 말했다.

　《아티스트 웨이》의 저자 줄리아 캐머런도 영감을 얻기 위해서는 매일 아침 쓸 말이 없어도 계속 쓰는 것이 중요하다고 강조했다.

　왜 매일 쓰는 것이 중요할까? 매일 조금이라도 써야 글쓰기에 대한 리듬을 유지할 수 있기 때문이다.

　또 다른 이유는 흐름이 끊기면 일관성 있게 글을 쓰기가 어렵기 때문이다. 책 읽기를 중단했다가 다시 읽으면 앞 내용을 잊어버려 내가 지금 뭘 읽었는지 모르는 경우와 같다. 글은 늘 매일매일 조금이라도 쓰는 것이 중요하다.

　유명한 사람만이 글을 쓰는 것은 아니고 글을 잘 쓰는 사람만 글을 쓰는 것도 아니다. 매일 꾸준히 글을 쓴다면 언젠가는 책으로 낼 수 있을 것이고, 그러는 과정에서 글을 잘 쓰게 될 것이며 결과적으로 유명한 작가가 될 수도 있다. 미리 예측할 필요는 없다. 지금 우리가 해야 할 일은 매일 글을 쓰는 것이다.

Q. 책을 쓰기 위해서는
독서를 얼마나 해야 하나요?

어떻게 하면 글을 잘 쓸 수 있을까? 글쓰기 초보인 내가 할 말은 아닌 것 같지만 적어도 내가 터득한 방법만은 공유하고 싶다.

첫째, 많이 읽어야 잘 쓸 수 있다. 책을 많이 읽었어도 글을 잘 쓰지 못할 수는 있지만, 책을 많이 읽지 않고 글을 잘 쓰는 것은 불가능하다.

둘째, 많이 써볼수록 더 잘 쓰게 된다. 근육이 있어야 축구나 수영 같은 운동을 잘 할 수 있듯 글쓰기 근육이 있어야 글도 잘 쓴다. 글쓰기 근육을 만드는 유일한 방법은 계속 쓰는 것이다. 여기에 예외는 없다. 세상의 모든 배움의 이치는 크게 다르지 않은 것 같다.

그림을 처음 배울 때 가장 많이 하는 것이 바로 습작이다. 우리가 아는 모든 위대한 화가도 처음에는 습작으로 시작했다. 어느 정도 수준에 이르러서야 비로소 자신만의 스타일로 창작 활동을 할 수 있다. 처음부터 실력도 없는데 욕심을 부려 자신만의 스타일로 그림을 그리려고 하는 사람은 쉽게 그림 실력이 늘지 않는다. 자신이 표현하고자 하는 부분을 그리기 위해 먼저 최소한의 기법을 익혀야 하기 때문이다. 탄탄한 기초가 있어야 자신만의 스타일을 쌓아올릴 수 있다.

글쓰기도 마찬가지다. 우선 다른 이의 글을 많이 읽고 써봐야 한다. 이를 '필사'라 한다. 유배 생활 10여 년 동안 500권 이상의 책을 집필한 다산 정약용도 책 쓰기에서 필사의 중요성을 강조했다. 그러나 이는 쉽지 않다. 많은 시간과 노력이 따르기 때문이다.

다른 사람들의 좋은 책과 글을 써볼 여유가 없다면 많이 읽을 것을 권한다. 그러나 그냥 읽어서는 안 된다. 책을 쓰기 위해 책을 읽는 행위는 일반적으로 책을 읽는 방식과는 달라야 한다. 일반적인 독서는 책을 통해 지식이나 정보를 얻기 위한 것이기 때문에 책의 내용을 이해하면서 읽어가면 된다. 그러나 글쓰기를 위한 독서는 책을 읽는 목적 자체가 다르다. 앞선 사람들이 어떻게 책을 썼는지 파악하고 분석하는 것이 목적이기 때문이다.

일반적인 독서는 책을 그냥 눈으로 읽고 이해하면 되지만 책 쓰기를 위한 독서는 책에서 활용할 만한 콘텐츠를 뽑아서 모으고 재가공하여 활용할 줄 알아야 한다. 그렇기 때문에 자신만의 고유한 정리법이 있어야 한다. 나는 책 쓰기를 위한 독서를 할 때 다음과 같은 원칙을 따른다.

1. 잘 읽히지 않거나 공감하지 못하는 책은 과감히 덮는다

세상에 읽어야 할 책은 많기 때문에 이런 책에서 활용할 수 있는 소재를 찾을 확률은 매우 낮다. 이런 책에 시간을 낭비하지 말자.

2. 책을 읽고 나서 내용을 한 페이지로 정리한다

이렇게 정리한 것은 블로그 포스팅의 콘텐츠로 활용할 수 있으며 책을 쓸 때 다시 찾아보면 좋은 소재로 활용할 수도 있다.

3. 책을 읽을 땐 펜으로 메모하며 읽는다

책을 읽다 보면 정말 좋은 문구를 발견하기도 하고, 많은 영감이 떠오르기도 한다. 이럴 때 책을 아끼지 말고 과감하게 밑줄을 긋고 책의 여백에 떠오른 영감을 적어라. 이때가 지나면 영감과 느낌은 퇴색된다. 책을 읽는 그 순간 바로바로 적어야 한다.

내가 종이책을 아직까지 더 선호하는 이유는 바로 이런 점 때문이다. 손으로 직접 적으면 더 오래 기억에 남으며, 뇌가 자동으로 중요한 부분이라고 인식하게 된다.

4. 좋은 문구나 내용이 나오면 바로 분류하고 정리한다

책을 쓸 때 인용구로 쓸 만한 내용을 발견하면 인용구 활용의 카테고리에 정리한다. 마침 쓰고 있는 글의 내용과 잘 부합한다면 아예 글의 상단에 바로 삽입한다. 나중에 찾으려면 또다시 많은 시간과 에너지가 소비된다. 생각이 났을 때 바로 정리하는 것이 가장 효율적이고 활용도가 높다.

나는 책을 읽다가 마음에 드는 페이지가 나오면 사진을 찍어 에버노트에 분류한 카테고리에 해당 내용을 저장하고 글을 쓸 때 찾아 참고한다. 이렇게 하면 자료를 빨리 찾을 수 있어 시간이 많이 절약된다.

5. 다양한 분야의 글을 읽는다

'책 쓰기'를 주제로 글을 쓴다고 하여 책 쓰기에 관한 책만 읽는다면 내가 쓴 책의 내용이 단조로울 가능성이 매우 높고 다른 책들과 차별화를 하기 어렵다. 때로는 다른 분야에서 더 좋은 지혜를 깨우치거나 발견할 수 있다. 또 서로 다른 지식이 융합되면 더 좋은 지식으로 발전하기도 한다.

책을 읽은 후 활용하기 위해서는 정리 작업이 필요하다. 읽은 책을 정리하는 최고의 방법은 박상배 작가의 '본깨적' 독서법이라고 생각한다. '본깨적'은 보고 깨달은 부분을 직접 적는 독서법을 말한다. 책을 읽은 후 일정 양식에 따라 보고 깨닫고 느낀 점을 적는 방식이다. 단점으로는 너무 많은 에너지와 시간이 소요된다. 나도 처음에는 따라 해봤지만 효율이 크지 않았다.

지금은 책을 읽을 때 앞서 소개한 방식대로 중요한 부분에 밑줄을 긋고 여백에 느낀 점 등을 적는다. 그리고 책 한 권을 다 읽으면 블로그나 에버노트에 정리한다. 어디까지나 우리의 독서 목적은 활용하기 위함이란 점을 잊어서는 안 된다.

책 쓰기를 위한 독서법

1. 마음에 드는 문구를 발견하면 밑줄을 긋자.

책을 읽다가 마음에 드는 문구를 발견하면 밑줄을 그어야 한다. 그렇게 해야 다음에 주요 부분만 빠르게 다시 읽어볼 수 있다. 아무리 좋은 책도 2~3번 정독해서 읽기는 시간이 많이 들기 때문에 쉽지 않다.

2. 책의 여백에 메모를 하자.

책을 읽다 보면 영감을 받게 되고 이를 통해 많은 생각과 아이디어가 떠오른다. 이렇게 떠오른 좋은 생각을 활용하려면 바로 메모를 해야 한다. 책의 여백에 메모하는 방법이 활용도가 가장 높다. 그래야 책 내용과 연관 지어 나중에 떠올리기 쉽기 때문이다.

3. 책을 읽고 난 후 블로그에 내용을 정리하자.

책에 밑줄을 긋고 여백에 메모를 하는 방식의 유일한 단점은 자료가 흩어져 정리가 안된다는 것이다. 이럴 때 좋은 방법이 블로그에 정리를 하는 것이다. 이렇게 하면 체계적인 자료 정리가 가능해 활용도가 높다. 나도 책을 쓸 때 내 블로그를 찾아보는 경우가 많다. 블로그 이웃을 늘릴 수 있다는 점은 보너스다.

Q. 컨설팅을 받아야만
책을 쓸 수 있나요?

예전과 다르게 책 쓰기에 관심이 있는 사람들이 많아졌다. 그러면서 자연스럽게 책 쓰기 코칭을 하는 직업도 많이 생겨났다. 책을 한 번도 써보지 않았던 사람이 책을 혼자 쓰는 것은 사실 쉬운 일이 아니다. 기획은 어떻게 하고 목차는 어떻게 써야 하는지, 문장은 어떻게 구성해야 하는지, 출판 프로세스는 어떻게 되는지, 궁금한 게 한두 가지가 아니다.

컨설팅을 받고 글을 쓰는 사람들은 단기간에 책을 내고 싶어한다. 혼자 글을 쓰다 보면 때로는 지치기도 하고 지속적으로 글을 쓰기가 어렵기 때문이다. 컨설팅을 받으면 같이 책을 쓰는 사람들도 있고 무엇보다도 진도를 관리해주니 단기간에 책을 쓰는 데 매우 유용하다.

일단 전문가의 도움을 받으니 헤매지 않고 빠른 시간에 책을 쓸 수 있다.

좋은 점도 있지만 문제점도 있다. 비용이 많이 든다는 점이다. 적게는 500만 원부터 많게는 1,000만 원까지 내야 한다. 이 금액은 우리가 책을 내고 초판을 다 팔아도 인세로 회수하기 어려운 액수다.

책값이 15,000원이고 인세율 계약을 10%에 했을 때, 초판을 2,000부 인쇄하고 이 책이 다 팔리면 인세로 300만 원을 받게 된다. 초보 작가가 초판 2,000부를 다 판매하기는 생각보다 어렵다. 따라서 투자한 컨설팅 비용을 회수하기가 쉽지 않다.

만약 퍼스널 브랜딩의 목적으로 책을 통해 나를 홍보하겠다고 생각하는 사람이라면 큰 문제는 없을 것이다. 만약 당신이 어학원 원장이라면 컨설팅 비용 500만 원은 부담이 될 수 있겠지만, 책을 통해 학원을 홍보한다고 생각하면 그리 큰 금액은 아니다.

그러나 나는 컨설팅 받는 것을 추천하지 않는다. 우리가 책을 쓰는 목적은 목돈을 들여서 출간하는 것 자체에 있지 않기 때문이다. 출간이 되지 않는다고 하더라도 책을 쓰는 동안 성장할 수 있다면 그것만으로도 의미 있는 일이다. 행위와 목적을 혼동해서는 안 된다.

컨설팅 업체는 수업료를 받고 책을 출간시켜 주는 것이 목적이지만, 우리의 목적은 단순히 출간이 아니라 글을 쓰면서 성장하는 것이다. 물론 컨설팅을 받는다고 성장하지 못하는 것은 아니다. 그러나 굳이 고액의 컨설팅을 받지 않아도 출간할 수 있는 방법이 있는데 출간

자체에 목적을 두고 고액을 지급할 필요는 없다는 것이다.

● 컨설팅 없이 책 쓰는 법

책은 쓰고 싶은데 방법을 모르는 사람은 컨설팅을 받지 않고 어떻게 책 쓰는 법을 배울 수 있을까? 이에 대한 답도 역시나 책에 있다. 인류 역사에 축적된 모든 훌륭한 지식은 모두 책으로 배울 수 있다. 컨설팅 없이 책 쓰는 법도 책에서 찾을 수 있다.

> "좋은 책을 읽는 것은 지난 몇 세기에 걸쳐 가장 훌륭한 사람들과 대화하는 것과 같다."_데카르트

다만 조건이 있다. 한 분야의 전문가가 되어 지식을 깨우치기 위해서는 그 분야의 책을 적어도 50권 이상 읽어야 한다. 책을 쓰는 저자마다 같은 주제의 책을 쓴다고 하더라도 관점에 따라 다루는 내용이 조금씩 다르다. 서로 다른 저자의 책을 50권 정도 읽다 보면 신기한 일이 벌어진다. 처음 몇 권의 책을 읽을 땐 다소 이해가 안 가는 부분들이 생긴다. 그러나 동일 주제로 여러 권의 책을 읽다 보면 다른 책에서 내용을 서로 보완해주기 때문에 이해가 안 가는 부분들이 퍼즐 조각처럼 맞춰진다.

책을 쓰기 위해 이 책 한 권만 읽어도 충분하다고 말하고 싶지만 그건 사실이 아니다. 적어도 50권의 책을 읽어보길 권한다. 50권을 다 구매하더라도 컨설팅 받는 비용의 10분의 1 정도이고, 이 돈도 아깝다면 도서관에서 무료로 대여해서 볼 수 있다. 이런 과정을 통해 돈 한 푼 안 들이고도 전문가로 거듭날 수 있다.

《독서 천재가 된 홍 팀장》의 저자 강규형 대표도 하루에 한 시간씩 자신이 몸담고 있는 분야의 책을 읽으면 그 분야의 전문가가 될 수 있다고 말한다. 5년 동안 읽으면 국내에서 손꼽히는 전문가가 되고, 7년 동안 읽으면 세계적인 전문가도 될 수 있다고 강조한다.

50권이 많아 보일 수도 있지만 사실 그리 많은 양은 아니다. 1년이 52주이니 한 주에 한 권씩만 읽어도 된다. 보통 책 한 권 보는 데 4시간 정도 걸린다. 따라서 하루에 출퇴근 시간 한 시간만 투자하면 읽을 수 있는 양이다. 이렇게 1년만 투자해도 삶이 바뀔 정도의 전문가가 될 수 있다.

돈 안 들이고 책 쓰는 방법도 마찬가지다. 필요하다면 1년만 투자해서 책을 읽으면 된다. 이것도 힘들고 지겹다면 딱 10권만 읽어보길 권한다. 서로 다른 저자의 책 쓰기에 관한 책을 10권만 읽어보면 빨리 나도 글을 써보고 싶다는 생각이 저절로 들 것이다.

Q. 책 한 권이 되려면
글을 얼마나 써야 하나요?

처음 책을 쓰기로 마음을 먹은 후 궁금했던 것 중 하나가 '글을 얼마나 써야 책 한 권을 만들 수 있을까?'였다. 글은 써봤지만 책은 써보지 않았기 때문에 얼마나 많은 양을 써야 하는지 감이 오지 않았다.

책의 규격이 어느 정도 정해져 있기 때문에 일일이 글자 수를 세어보지 않고도 대충 가늠해볼 수 있다.

국내에서 유통되는 대부분의 책은 신국판(152×225mm) 규격이다. 책 한 권을 대략 250페이지로 잡아보자. 원고를 한글 프로그램으로 작성한다면 기본 설정(글자 크기 10포인트)으로 A4 용지 100페이지 정도를 쓰면 된다. 200자 원고지로는 약 800매 정도면 책 한 권 분량인 것이다.

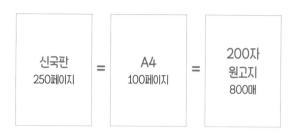

신국판
250페이지

=

A4
100페이지

=

200자
원고지
800매

　페이지 수를 꼭 지켜야 하는 것은 아니나 너무 얇으면 책의 구성이 빈약해보이고 너무 두꺼우면 읽기가 부담스러울 수 있다. 출판사에서 선호하는 적당한 분량은 250~300페이지 수준이다. 극장에 걸리는 영화의 러닝 타임을 90~120분으로 하는 것과 같은 이치다.

　이를 바탕으로 우리가 써야 하는 책에 꼭지가 몇 개 필요하고, 장이 몇 개 필요한지 계산할 수 있다. 한 꼭지는 한 개의 핵심 메시지를 담고 있으며 주로 3~5페이지로 구성되어 있다. 이런 꼭지들을 묶은 한 개의 장에는 대략 5~7개의 꼭지가 있다. 책 한 권은 대략 5~7개의 장으로 구성된다(저자의 스타일에 따라 다르기 때문에 정답은 없다).

　7개의 장에 각각 꼭지가 7개씩 있고 꼭지마다 5페이지 분량으로 쓰면 대략 245페이지의 책이 만들어진다. 하루에 한 꼭지를 쓴다면 49일 만에 책 한 권을 쓸 수 있다. 그러나 전업 작가가 아니면 이 시간에 초고를 작성한다는 것이 말처럼 쉬운 일은 아니다.

　조금 여유 있게 일정을 잡고 하루 30분 프레임 책 쓰기를 한다면 60일, 즉 두 달 정도면 초고를 완성할 수 있다. 물론 초고 완성 외에도 어느 정도 시간이 필요하다. 책을 쓰기 위해서는 초고 전에 기획도 해야 하고 초고 완성 후에는 출판 계약과 퇴고를 해야 하기 때문에 추가 시간이 필요하다. 서둘러 출간한다면 물리적으로 6개월 정도 걸려 책을 낼 수 있다.

우리의 목표는 좋은 책을 쓰는 것이지 얼마나 빨리 책을 내는 것은 아니기 때문에 시간과 기간에 집착할 필요는 없다. 그러나 너무 일정에 대한 계획과 목표 없이 쓰다 보면 한없이 늘어질 수 있으니 계획을 수립하고 책을 쓰는 방식을 추천한다.

Q. 시간이 별로 없는데
책을 쓸 수 있을까요?

책을 내기 위한 기본 원칙은 시간이 날 때마다 매일 글을 쓰는 것이다. 이렇게 모인 글이 책이 된다. 책을 낼 만큼 글을 쓰지 못하는 사람의 공통점은 글을 쓸 때 모든 조건을 다 갖추고 쓰려다가 결국 시간이 없어서 못 쓴다는 것이다.

시간이 많으면 글이 잘 써질 것 같지만 막상 여유 시간이 생겨 책상 앞에 앉아 책을 쓰려고 하면 오히려 글이 잘 안 써지는 경험을 하게 된다. 나는 일정 부분 소음이 있을 때 글이 더 잘 써졌고, 특히 창의적인 생각은 대부분 샤워를 하거나 산책을 할 때 좋은 아이디어가 많이 떠올랐다. 이런 이유로 나는 출퇴근 시간을 이용하여 주로 글을 쓰고 독서를 한다. 처음에는 '버스에서 어떻게 집중이 될까' 생각하지만 습관을 들이면 그 어느 장소보다 집중이 잘 된다. 오히려 더 많은 영감이 떠오른다.

버스에서 쓰기 시작해서 점점 공간을 확대했다. 우리가 간섭받지 않고 집중할 수 있는 공간과 시간은 생각보다 많다. 물론 직업에 따라 다르겠지만 나와 다른 직업을 가진 사람들은 또 다른 시간을 찾아낼 수 있을 것이다. 나의 경우 출퇴근을 제외한 집중할 수 있는 시공간은 다음과 같았다.

1. 출장 시 기차에서

기차 안은 생각보다 집중이 잘 된다. 버스보다 흔들림도 덜 하고 심지어 앞에 테이블도 있어 노트북이나 아이패드도 설치할 수 있다. 쓰다 지치면, 앞에 꽂힌 잡지도 볼 수 있는 최적의 공간이다.

2. 출장 시 비행기에서

직업 특성상 유럽, 미주 출장을 많이 다녔다. 처음에는 12시간 이상씩 비행기를 탄다는 것이 정말 곤욕이었다. 아무리 잠을 자도 절반이 안 지났고, 영화를 봐도 시간이 많이 남아 비행 시간이 너무 지겨웠다.

그러나 글을 쓰기 시작한 후에는 최고의 공간이자 최고의 시간이 되었다. 이렇게 주변의 방해 없이 장시간 폭발적으로 글을 쓸 수 있는 장소가 또 있나 싶다. 비행기에서는 심지어 배가 고프면 식사도 제공해주고 음료와 술도 마실 수 있다. 책을 쓴 다음부터 나는 은근히 비행기로 가는 장거리 출장이 기다려졌다. 책을 쓰기 이전에는 가장 고통스러운 시간 중 하나였지만 지금은 가장 편하고 영감이 폭발하는 장소가 되었다.

3. 퇴근 후 카페에서

카페는 사실 내가 글을 쓰는 장소 중에서 가장 사치스러운 곳이다. 나에게 주는 일종의 선물이다. 글을 쓰며 지치고 외로울 때 나는 스스로에게 힘내라고 작은 선물을 준다. 가끔 퇴근 후 카페에서 글을 쓰는 것도 이런 행위 중 하나다.

동네에 숨어 있는 좋은 카페를 발견하는 것은 큰 즐거움이다. 최근에 발견한 카페에서는 잔술로 와인을 판매한다. 술을 좋아하는 나에게는 천국과 같은 공간이다. 술 한 잔과 느긋하게 책을 보는 사치를 누리며 글을 쓰는 시간은 매우 행복하다.

책을 쓰는 데 정답인 최적의 공간과 시간은 없다. 다만 꾸준히 쓰기 위해서는 자신에게 맞는 공간을 찾고, 자신이 가장 많이 낭비하고 있는 자투리 시간을 활용하여, 하루도 빠짐없이 써야 한다.

누군가가 김연아 선수에게 물었다고 한다.

"훈련할 때 무슨 생각하면서 하세요?"

김연아 선수는 의외로 담담하게 이렇게 대답했다고 한다.

"무슨 생각을 해요. 그냥 하는 거지."

책 쓰기도 마찬가지라고 본다. 때로는 즐겁기도 하고 때로는 글이 안 써져 힘들기도 하지만 정답은 김연아 선수처럼 그냥 하는 것이다. 그렇게 하다 보면 글 쓰는 근육이 생기는 느낌이다. 정답은 없지만 어디에서나, 언제나 쓰고 또 쓰다 보면 책 한 권이 만들어지는 것이다.

작가가 되기로 결심했다면 시간이 없다는 핑계를 대지 말자. 하루 일과 중 무심코 버려지는 자투리 시간을 모아 활용하는 것만으로도 충분히 책 한 권은 쓸 수 있다. 결코 쉬운 일은 아니지만 지금 바로 시작하면 누구나 6개월 후 자신의 책을 가질 수 있다.

Q. 책을 쓰다가
슬럼프가 오면 어떻게 하나요?

많은 사람이 글쓰기를 시작하고 책을 내지 못하는 이유 중 하나는 슬럼프를 극복하지 못하고 글쓰기에서 멀어지기 때문이다. 글을 쓰려고 책상에 앉으면 막상 글이 써지지 않고 멍하니 모니터만 보거나 하얀 종이만 본다. 그러다가 몇 줄 써보면 내용도 마음에 안 들고 뭘 쓰는지도 모르겠고 문맥도 안 맞는 것 같아 자괴감에 빠진다.

이런 안 좋은 기억이 하루 이틀 이어져 책상에 앉는 것이 점점 두려워지고 고통스러워진다. 억지로 몇 번 더 써보다가 점점 쓰지 않는 날이 더 많아진다. 그러다 어느날 정신을 차려 보면 아예 글을 쓰지 않고 있다. 이렇게 책을 내겠다는 목표는 글쓰기의 고통에서 벗어나고 싶은 생각에 잊히고 만다. 먼 훗날 우연히 서점에서 자신이 내려고 했던 책과 유사한 책이 베스트셀러가 되어 팔리고 있으면 땅을 치고 후회할 것이다. 아무리 좋은 아이디어도 실행하지 않으면 아무 소용이 없다. 우리가 생각하는 기막힌 아이디어도 이미 누군가는 생각에 그치지 않고 실행에 옮기고 있다.

글을 쓰다 보면 글이 너무 잘 써져 행복한 날도 있지만 정말 한 글자도 안 써지는 날도 있다. 누구에게나 찾아오는 이런 슬럼프를 어떻게 극복할 수 있을까? 가장 쉬운 방법은 '무조건 쓰기'지만 그 외 몇 가지 효과적인 방법을 소개해보면 다음과 같다.

● 매일 기계적으로 써라

글쓰기는 정말 신기하다. 어떤 날은 글감과 영감이 미친 듯이 떠올라 '빨리 글을 써야지' 하고 책상 앞에 앉으면 거짓말처럼 글이 안 써지는 경우도 있고, 어떤 날은 죽기보다 글이 쓰기 싫어 책상 앞에 힘들게 앉았는데 머뭇거림 없이 글이 써지기도 한다.

한 권의 책을 내기 위해 많은 양의 글을 쓰기 위해서는 그날 컨디션이 좋고 안 좋고는 다음 문제이고 일단은 매일 규칙적으로 글을 써야 한다. 컨디션이나 기분을 믿지 말고 일단 시작하는 것이 중요하다.

글을 쓰고 싶게 만들어라

이 방식은 유명한 베스트셀러 작가 베르나르 베르베르가 사용한 방법이다. 그렇게 많은 책을 쓴 베르나르 베르베르도 글쓰기가 죽기보다 싫은 날이 많았나 보다. 그는 글이 쓰기 싫은 날에는 글쓰기 외에 하고 싶은 일을 다 해버린다고 한다. 영화를 보고 싶으면 영화를 보고 잠을 자고 싶으면 잠을 자고 그러다가 정말 할 일이 없으면 그제야 글을 쓰는 것이다. 대신 한번 쓰기 시작하면 미친 듯이 써내려간다고 한다.

나도 첫 책을 쓸 때 글이 안 써지는 날에는 노트북을 켜고 영화도 보고 인터넷 쇼핑도 하고 음악도 듣는 등 하고 싶은 걸 하다가 이런 것들이 재미없어지면 글을 쓰곤 했다. 일단 글을 쓰려고 자리에 앉기까지가 어렵지 한번 앉아서 글을 쓰기 시작하면 가속도가 붙어 많은 양의 글을 쓸 수 있었다. 목차를 만들고 그날그날 작업 분량을 정해놓으면 마감을 해야 한다는 압박으로 정해진 시간에 글을 쓰는 데 도움이 되어 진도를 관리할 수 있었다.

독서를 통해 영감을 받아라

글이 써지지 않는 이유 중 가장 큰 부분은 영감이 없어서일 것이다.

이럴 때 가장 큰 도움이 되는 것 중 하나가 바로 독서다. 책을 읽다 보면 생각을 하게 되고 생각을 하면 뇌가 자극을 받는다. 그러다가 무릎을 탁 치는 문구를 만나면 이렇게 받은 영감이 자극제가 되어 그날은 글이 잘 써지게 된다.

반드시 독서가 아니어도 된다. 영감은 영화를 보다가도 음악을 듣다가도 떠오를 수 있다. 다만 자신이 쓰고자 하는 부분을 계속 머릿속에 담고 생각하고 있어야 영감과 생각이 이어질 수 있다.

● 샤워, 산책, 등산 등으로 기분전환하라

어떤 일을 곰곰이 생각하다가 더는 생각이 진행이 안 되고 막혀 있을 때 샤워를 하다가 좋은 아이디어가 떠올라 "유레카"를 외친 적이 누구에게나 있을 것이다. 인류 역사가 인정하는 천재인 아인슈타인도 다음과 같이 말했다고 한다.

"왜 좋은 아이디어는 꼭 샤워할 때 떠오르는가?"

샤워의 물소리가 백색 소음의 효과로 마음을 편안하게 해주고 일에 집중할 수 있게 만들어주기 때문이 아닐까 생각한다.

샤워 외에 글쓰기에 도움이 되는 기분전환 방법은 산책과 등산이 있다.

독일의 위대한 철학자 칸트도 생각을 정리하기 위해 80세에 생을 마감할 때까지 매일 3시 30분이 되면 산책을 했다고 한다. 심지어 마을 사람들이 그가 나오는 걸 보고 시계를 맞출 정도였다고 한다.

《초생산성》의 저자 마이클 하얏트에 따르면, 잠깐 동안의 산책이 기억력과 주의력을 20% 향상시킨다.

실제로 글쓰기뿐만 아니라 집에서든 직장에서든 잘 풀리지 않는 문제를 만났을 때 등산을 하거나 산책을 하면서 생각을 정리하다 보면 의외로 쉽게 풀리는 경우가 있다. 책상 앞에서 벗어나 생각을 정리하면서 다른 프레임과 관점으로 문제를 바라보기 때문이다.

글을 쓰다 보면 슬럼프가 안 올 수는 없다. 짧게는 하루, 이틀 혹은 일주일이지만, 길게는 몇 달 이상 지속되어 글쓰기를 포기하기도 한다. 몇 달간 글을 쓰지 않다 보면 나만의 책을 내겠다던 열정은 조금씩 식고 잊힌다. 좋든 싫든 일단 조금이라도 매일 글을 써서 생각의 끈을 연결해가는 것이 무엇보다도 중요하다.

'하루를 쉬면 이틀이 힘들다'는 말이 있다. 깨진 리듬은 다시 연결하기가 너무 힘들다. 쓰지 않는 날이 많아질수록 다시 글쓰기로 돌아가기는 쉽지 않다. 가끔 힘들고 어렵더라도 초심을 잃지 말고 글쓰기를 통해 성공한 멋진 자신의 모습을 상상하면서 극복해가야 한다.

Q. 글감과 사례는
어디에서 찾을 수 있나요?

이제부터 글을 쓰기 위해 세상을 작가의 눈으로 봐야 한다. 처음에는 어렵겠지만 마음만 먹으면 어렵지 않다. 먼저, 작가의 눈이란 무엇일까?

관점을 바꾸면 세상이 달리 보인다. 그림을 그려보면 알 수 있다. 지금 눈에 띄는 사물 하나를 종이에 그려보자. 그림은 점, 선, 면이 모여 만들어진다. 그림을 그리기 위해서는 사물의 선이 어떻게 만나고 면이 어떻게 구성되어 있는지를 관찰해야 한다. 이렇게 관찰하다 보면 평소에 안 보이던 사물의 새로운 부분들이 보인다. 꽃을 그리다 보면 꽃잎이 줄기와 어떻게 만나는지를 볼 수 있고 자동차를 그리다 보면 자동차를 구성하는 바디, 창문, 트렁크 등이 어떻게 유기적으로 연결되어 있는지를 볼 수 있게 된다. 그림을 그릴 때 이렇게 평소에 안 보이던 것이 보이는 이유는 그림을 더 잘 그리기 위해서 관찰했기 때문이다.

글도 마찬가지다. 더 좋은 글을 쓰기 위해서는 무심히 일어나는 일상 속에서 작가의 관점으로 세상을 바라보는 시각이 필요하다. 책, 신문, 잡지, 뉴스, 영화 등을 볼 때 어떤 내용이 나의 글감과 연결될 수 있는지, 또는 어떤 부분을 책에 활용할 수 있는지를 염두에 두면서 읽고, 보고, 기록하는 것이다. 관점을 바꾸면 새로운 세상이 보인다.

일반적인 독서는 책을 읽고 밑줄을 긋고 내용을 느끼는 것이며, 여기서 한 발 더 나가면 삶에 적용하는 것이다. 그러나 책을 쓰기 위해 하는 독서는 관점이 조금 달라야 한다. 중요한 문구에 밑줄을 그을 때도 내가 쓰는 글의 어떤 부분에 활용할 수 있는지를 생각해야 한다. 무엇보다 논리는 어떤 구조로 풀어가는지, 인용구는 어떤 시점에 어떻게 사용하는지, 목차의 구성은 어떤지, 글의 어조는 어떤지 등을 직접 책을 쓴다는 관점으로 봐야 하는 것이다. 쓰는 책을 위해 경쟁 도서나 참고 도서를 읽는 것이라면 더욱 철저히 작가의 관점에서 책을 봐야 한다.

좀 더 구체적으로 설명하기 위해 독서와 영화를 비교해보자. 책뿐만 아니라 영화도 나는 작가의 관점에서 본다. 글을 쓰기 전에는 그냥 영화의 스토리에 몰두하면서 봤는데 지금은 '영화 속에 나오는 대사나 상황을 내 글에 어떤 식으로 활용할 수 있을까'라는 관점으로 본다. 그래서 명대사라도 나오면 영화를 멈추고 재빨리 에버노트에 메모를 한다. 메모를 할 때도 느낀 점까지 같이 적어 나중에 활용도를 높인다. 그냥 대사만 적어놓으면 그때 내가 어떤 관점과 감정으로 이 문구를 멋있다고 생각했는지 생각이 나지 않을 때가 많다.

작가는 어떻게 글감을 모으고 그 많은 사례를 모을까? 또 어떻게 상황에 딱 맞는 사례를 찾을까?

이런 고민의 해답은 의외로 간단했다. 책을 많이 쓴 작가들도 우리와 같은 고민을 하고 있으며 특별한 방법은 없다. 작가의 눈으로, 작가의 관점으로 의도를 가지고 소재를 혹은 예시를 열심히 찾고 메모하여 저장하면 된다.

《당신의 책을 가져라》의 저자 송숙희 작가는 종이박스 안에 쓰고 싶은 주제의 외서, 논문, 신문 기사 등 자료를 모으라고 말했다. 그러다 보면 자료가 넘쳐 글이 쓰고 싶어질 때가 있다고 한다.

오병곤, 홍승완 작가의 《내 인생의 첫 책 쓰기》란 책을 보면 책, 신문, 길거리의 간판, 지하철 안의 사람들, 점심시간의 대화 등 자료는 어디에나 있으며 우리에게 필요한 건 독수리 같은 눈빛과 메모하는 습관이라는 말이 나온다.

책을 여러 권 출간한 기성 작가들도 결국에는 다양한 노력을 통해 글감과 소재를 모으고 있는 것이지 우리가 모르는 특별한 자료의 원천이 있는 것은 아니다. 다만 아이디어나 글감이 떠오르는 즉시 메모나 사진, 녹음 등 자기만의 방법으로 기록과 저장을 한다는 차이가 있을 뿐이다.

아무리 좋은 아이디어라고 할지라도 시간이 조금만 지나면 변질되거나 아예 사라지고 만다. 글을 써본 사람은 누구나 이런 경험이 있을 것이다. 어떤 장면을 보고 영감을 얻어 머릿속에서 글쓰기를 기획하고 '시간이 날 때 이렇게 글을 써야지' 하고 생각한다. 그러나 시간이 지나 기억을 더듬어 글을 쓰려고 하면 당시 왜 이런 생각을 했고 왜 이런 글을 쓰려고 했는지 구체적인 느낌이 생각나지 않는다. 기억을 더듬어 어찌어찌 글을 쓰려고 해도 잘 써지지 않을 뿐더러 쓴다고 하더라도 앞뒤가 맞지 않거나 공감할 수 없는 글이 되고 만다.

따라서 좋은 글감이나 생각이 떠오르면 바로 그 자리에서 메모를 구체적으로 해둬야 다음에 시간이 났을 때 글쓰기로 이어질 수 있다. 처음에는 상당히 귀찮은 일이지만 습관이 되고 나면 오히려 머릿속을 더 잘 정리할 수 있다. 메모의 기능은 기록도 있지만, 기록함으로써 더 이상 머리로 생각을 하지 않아도 되는 정리의 기능도 있기 때문이다.

마지막으로, 어떻게 하면 발견한 글감에 대한 자료를 효율적으로 저장하는지 알아보겠다. 아무렇게나 박스에 넣어둔 자료는 다시 볼 확률이 10% 미만이다. 가장 좋은 방법은 스캔 또는 사진으로 남겨 카테고리별로 바로 정리하는 것이다. 내용은 시간이 없다면 나중에 봐도 상관 없다. 그러나 반드시 분류는 해둬야 활용이 가능하다. 가장 쉬운 방법은 에버노트에 항목별 노트를 만들어 카테고리별로 분류하여 정리하는 것이다.

자료를 모으는 일은 누구나 노력하면 할 수 있다. 그러나 활용법은 배울 필요가 있다. 자료를 모으는 이유는 활용을 하기 위함인데 활용을 하지 못하면 시간만 낭비한 것이 되기 때문이다.

자료를 모으다 보면, 책, 영화, 드라마, 신문, 잡지, 인터넷 등 여러 가지 경로로 자료를 얻는다. 자료의 형태도 다르고 활용할 분야도 다르기 때문에 그냥 모으기만 해서는 안 된다. 나만의 분류체계와 양식을 갖고 모아야 나중에 찾기 쉽고 사용하기 쉽다. 자료를 모을 때 카테고리를 나누고 어떤 이유에서 모았는지 메모를 달아놓아야 나중에 활용할 수 있다.

Q. 참고 도서는
모두 사야 하나요?

하루에 한 권 또는 일주일에 3권 이상 책을 읽는다면 한 달에 많게는 30권 적게는 15권 정도의 책이 필요하다. 매달 이렇게 책을 구매하기에는 다소 부담스러울 수 있다. 그리고 솔직히 모든 책이 소장 가치가 있는 것은 아니다. 책이 좋고 나쁨을 떠나 나에게 필요하지 않은 책도 있고 일부분만 필요한 책이 있기 때문이다.

나 역시 독서를 시작한 초반에는 '책값을 아껴서는 성공할 수 없다'라는 강박관념에 서점에 가서 조금이라도 마음에 드는 책은 모두 구입을 했다. 이렇게 구입해서 읽은 책 중에는 생각했던 것과 책의 내용이 달라(제한된 시간에 책을 고르기 때문에 주로 저자의 이력, 목차, 서문 등만 보고 구입한다) 책을 반도 못 읽는 경우도 많았다. 돈은 돈대로 쓰고 책은 읽지 않는 것이다. 그래서 지금은 살 책과 빌려볼 책을 나만의 방식으로 구분해서 때로는 서점에서 구매하고 때로는 도서관에서 대출받기도 한다.

다음은 살 책과 대여할 책을 고르는 나만의 방법이다.

꼭 사야 할 책의 기준 1. 두 번, 세 번 고민해봐도 끌리는 책

예전에는 대충 보고 마음에 들면 책을 모두 구입했다. 그래서 실패할 확률이 매우 높았다. 두 번, 세 번 고민해도 좋은 책이라는 판단이 들 때 과감히 구매하자.

꼭 사야 할 책의 기준 2. 이미 대여해서 봤는데 소장 가치가 있는 책

글을 쓰다가 예전에 어떤 책에서 읽은 부분이 생각나 다시 읽고 참고하고 싶은데 막상 주변에 없으면 난감하다. 나에게 소장 가치란 '한 번 이상 읽을 가치가 있는 책'을 말한다. 요리사는 필요할 때 꺼내서 참고할 수 있는 요리책을 소장한다. 글을 쓰는 우리에게도 참고가 될 만한 책은 소장 가치가 있는 책이라고 볼 수 있다.

꼭 사야 할 책의 기준 3. 독서 전문가들의 추천을 받은 책

좋은 책을 구매하기란 생각보다 쉽지 않다. 그래서 때로는 독서 전문가의 추천이 도움이 된다. 실패 확률이 낮기 때문에 더 효율적이다.

빌려 봐도 되는 책들

▶ 어느 특정 부분만 활용 가치가 있는 책(꼭지 1~2개만 궁금한 책)

▶ 목차, 서문만으로는 확신이 가지 않으나 왠지 끌리는 책(이런 경우
는 빌려보고 구매 가치가 있으면 구매해도 늦지 않다)

▶ 책의 내용이 가벼워 한 번 이상 읽을 필요가 없는 책

▶ 사진으로만 이루어진 책(이런 책은 대부분 고가이고 디자이너와 같은 직
업이 아니면 활용 가치가 떨어진다)

서점에 가서 책을 읽다 보면 베스트셀러가 되지는 못했지만, 생각
보다 훌륭한 책을 가끔씩 발견할 수 있다. 책 읽기에 대한 내공이 깊
어지면 이런 책을 고를 수 있는 안목이 생긴다. 내용은 좋은데 베스트
셀러가 되지 못한 책은 다음과 같은 특징이 있다.

▶ 표지 디자인이 세련되지 않아 선뜻 손이 가지 않는다.

▶ 제목이 매력적이지 않아 끌리지 않는다.

▶ 편집, 구성, 폰트가 산만하여 눈에 들어오지 않는다.

꼼꼼히 읽어보면 내용은 좋은데 위의 이유로 잊힌 책을 발견하면
한편으론 기쁘고 한편으론 동병상련의 마음으로 가슴이 아프다.

흙 속의 진주 같은 책을 고르기 위해서는 많은 시간을 투자할 수
밖에 없다. 이런 책은 주로 서가에 꽂혀 있다. 시간 여유가 있는 날, 위

세 가지 포인트는 무시하고 책의 내용에 집중해서 몇 꼭지 읽어보면 '내용이 체계적이고 잘 쓰여졌구나' 하는 생각이 드는 책이 있다. 이런 책을 찾아내는 일은 이미 많이 알려져 많은 사람이 읽은 책보다 활용 가치가 높다. 가끔은 시간을 들여 서가에 잠들어 있는 보배와 같은 책을 꼭 발견해보길 바란다.

Q. 인용과 표절은
어떻게 구분할 수 있을까요?

책을 쓰다 보면 자신의 생각을 뒷받침하기 위해서 많은 참고 도서를 보게 된다.

책을 읽다가 내가 쓰려고 했던 내용과 너무 유사한 글을 보면 '내가 생각했던 부분을 다른 사람들도 이렇게 생각하는구나' 하고 안심이 되기도 하고, 누군가가 나보다 먼저 글을 써서 책을 냈다는 사실이 아쉽고 속상하기도 하다. 더 큰 문제는 이보다 좋은 예와 표현이 없어 내 글을 뒷받침하기 위해서 나도 같은 문장을 쓰고 싶을 때다. 이때 고민되는 것이 표절에 대한 문제다. 표절과 인용의 차이는 무엇일까?

《내 인생의 첫 책 쓰기》에 따르면 한 작품을 모방하면 표절, 여러 작품을 모방하면 창조라고 한다.

여러 작품을 단순히 모방하라는 말은 아니다. 인용의 목적은 누구나 알 만한 내용을 자신이 주장하고 싶은 내용의 논거로 썼을 때 독자가 쉽게 이해하게 만드는 데 있다. 따라서 인용구를 쓸 때는 그대로 옮기는 것이 아니라 기본적으로 저자가 말하고자 하는 내용이 있어야 한다. 한 작품을 그대로 가져다 쓰면 모방이지만, 여러 작품에서 아이디어를 얻어 새로운 나만의 생각을 만들어낼 수 있다면 이 또한 창작이 될 수 있다는 말이다. 이를테면 다음과 같다.

- ▶ 주장하고 싶은 내용: 열심히만 한다고 성공하는 것이 아니라 얼마나 효율적으로 하느냐가 성공의 열쇠이다.
- ▶ 인용구 1: 쉬지 않고 계속해서 나무만 베는 사람보다 쉬면서 도끼를 갈아 나무를 베는 사람이 더 효율적이다(김정운 교수의 저서《노는 만큼 성공한다》).
- ▶ 인용구 2: 인맥을 넓히기 위해 어차피 먹는 점심 식사를 모르는 사람들과 함께하면서 인적 네트워크를 형성했다(철강왕 카네기 일화).

이처럼 본인의 주장을 위해 한 가지 예만 들었다면 그냥 단순 모방이 될 수 있지만 여러 가지 예시를 저자만의 분석으로 해석하면 새로운 창조가 될 수 있다는 말이다. 글의 신빙성도 더 높일 수 있다. 위 두 가지 예를 종합하여 아래와 같이 재창조한 글을 쓸 수 있다.

"현대는 근면 성실하다고 성공이 보장되는 사회는 아니다. 얼마나 효율적으로 하는지가 중요하다. 그러기 위해서는 남는 자투리 시간을 얼마나 잘 활용하느냐가 중요하다. 김정운 교수의 저서 《노는 만큼 성공한다》에 보면 쉬지 않고 도끼질을 하는 사람보다 휴식을 취하면서 도끼의 날을 가는 사람이 더 많은 나무를 벨 수 있다고 한다. 또 세계적인 부를 이룬 철강왕 카네기는 인맥을 넓히고 싶은데 시간이 없어, 어차피 먹는 점심을 모르는 사람들과 함께하면서 인맥을 넓혔다고 한다. 성공을 위해서는 우직하게 일을 하는 것보다 자투리 시간을 어떻게 효과적으로 활용하는지가 매우 중요하다. 자투리 시간만 잘 활용해도 어학을 마스터할 수 있고 원하는 책을 쓸 수도 있다."

이처럼 여러 인용구를 같이 사용하여 시간을 어떻게 효율적으로 써야 좋은지에 대한 논거를 제시할 수 있을 때 좋은 인용의 예가 된다.

상황에 따라 다를 수 있겠지만, 표절을 걱정하여 인용을 무조건 자제할 필요는 없을 것 같다. 개인적인 생각이지만 '인용이냐 표절이냐'의 구분만큼 중요한 것은 인용의 의도다. 자신의 생각을 뒷받침하고 자신만의 시각으로 재창조한다면 의미 있는 인용이다. 그러지 않고 무분별한 인용을 하게 되면 자신의 의도와 주장은 없는 다른 사람의 생각만을 짜깁기한 의미 없는 책이 될 수밖에 없다.

Q. 매력적인 출간기획서에는 무엇이 들어가나요?

책을 쓰는 사람마다 다르겠지만 나는 책을 쓰기 전 사전 작업으로 가장 강조하는 두 가지가 있다. 하나는 책의 전체적인 콘셉트와 방향을 설정하는 출간기획서이며, 또 다른 하나는 글쓰기의 세부적 계획인 목차의 작성이다. 책의 목차가 세부적인 길을 알려주는 지도라면 출간기획서는 책 쓰기의 방향을 잃지 않게 알려주는 등대와 같다.

책 한 권을 쓰기 위해서는 250페이지에서 많게는 300페이지 분량의 글을 써야 한다. 생각보다 시간이 오래 걸리는 작업이기 때문에 방향과 목적을 미리 설정해놓지 않으면 책을 쓰는 도중에 혼란이 올 것이다. 이럴 때 필요한 것이 출간기획서와 목차다.

출간기획서에는 저자 소개, 집필 동기, 타깃 독자, 경쟁 도서와의 차이점 등이 들어간다. 즉 무엇을, 누구를 위해, 왜 쓰는지에 대한 방향성이 담겨 있어야 한다. 전업 작가가 아닌 우리는 대부분 매일 글을 쓰지 못하는 경우가 많기 때문에 일관된 방향성을 유지하는 것이 매우 중요하다.

일주일 동안 글을 못 쓰다가 다시 쓰려고 하면 가장 어려운 부분이 바로 글의 연결성이다. 골프에 '에이밍'이라는 것이 있다. 치고자 하는 방향의 목적물과 공을 일직선상에 맞춰놓고 공을 치는 방법이다. 공을 칠 때 시작점에서의 작은 오차가 100미터 이상 가면 큰 오차가 되기 때문에 목적물과 공의 위치를 에이밍하는 기술이 중요하다.

책을 쓸 때도 마찬가지다. 일주일 정도 공백이 있는데 느낌만으로 책을 이어서 쓰면 에이밍이 잘못되어 마지막에 처음 의도했던 방향과는 다른 방향으로 마무리가 되는 경우가 있다. 따라서 공백 후 책을 쓸 때 전체적인 방향성은 출간기획서로 잡고, 세부적인 방향은 목차로 잡아주면 통일된 글을 쓸 수 있다. 그리고 마지막으로 이전에 쓴 글을 몇 꼭지 읽어보면 다시 감을 잡을 수 있다.

그럼 출간기획서를 어떻게 쓰는지에 대해 세부적으로 알아보자. 다음은 내가 첫 책을 썼을 때 작성한 출간기획서의 구조다.

▶ 제목: 한 시간에 끝내는 영어 말하기의 모든 것
▶ 저자 소개: 책을 쓴 저자는 어떤 사람인가?

- ▶ 타깃 독자: 누구를 대상으로 책을 썼는가?

- ▶ 집필 동기: 왜 이 책을 썼는가?

- ▶ 차별화 요소: 경쟁 도서와 이 책은 무엇이 다른가?

- ▶ 홍보 및 마케팅 계획: 이 책을 어떻게 알릴 것인가?

- ▶ 출간 일정: 집필 일정과 희망 출간 일정은 언제인가?

● 책의 운명을 좌우하는 제목 정하기

출간기획서의 첫 번째 작업은 제목을 정하는 것이다. 제목을 정하는 일은 내 아이에게 이름을 지어주는 것만큼 설레는 일이지만 평생 불릴 이름이기 때문에 매우 중요한 작업이기도 하다.

책을 구매하는 대부분의 사람들이 구매를 위해 처음으로 관심을 보이는 부분이 책의 제목이다. 첫인상으로 그 사람의 모든 것을 평가하고 판단할 순 없지만 호감으로 시작하느냐, 비호감으로 시작하느냐는 매우 중요한 문제다. 이런 첫인상과도 같은 제목을 잘 만드는 것만으로도 베스트셀러가 되기도 한다.

반대로 내용은 너무 좋은데 제목이 좋지 않아 사장되는 책도 매우 많다. 이런 책도 누군가가 혼신의 힘과 에너지를 쏟아부은 결과물인데 제목 하나로 독자들에게 선택받지 못한다면 정말 안타까운 일이다. 따라서 제목은 신중히 정해야 한다.

최근 출판된 책 중 제목 덕을 크게 본 책은 백세희 작가의 《죽고 싶지만 떡볶이는 먹고 싶어》인 것 같다. 무슨 내용인지, 무슨 장르인지 모르는 사람들에게도 일단 눈길을 끌기에는 충분하다. 실제로 이 책은 처음에 자비 출판 형태로 출간되었지만 시간이 지나 입소문으로 책이 많이 팔리자 출판사와 정식 계약을 하고 다시 출간되었다. 내용도 많은 사람의 공감을 받았겠지만, 제목도 큰 역할을 했다고 생각한다. 좋은 제목은 시대의 트렌드를 반영하기 때문에 성공하기 위한 몇 가지 법칙이 있다. 뒤에서 자세히 살펴보겠다.

● 저자 소개

책을 구매할 때 사람들은 앞서 설명한 대로 제목과 표지에 시선이 끌리면 책을 집어들고 목차를 본다. 그리고 책의 내용을 대충 훑어본 후 마지막으로 '누가 이 책을 썼을까?' 하고 저자 소개란을 보게 된다. 책의 내용과 저자의 이력이 맞으면 책에 대한 신뢰성이 높아져 구매로 연결되기 때문에 간과할 수 없는 부분이다.

그러나 초보 저자에게는 다소 부담스러울 수 있다. 이렇다 할 공적인 활동이 많지 않았기 때문에 뭘 적어야 할지도 모르고, 다른 저자의 화려한 이력에 주눅이 들기도 한다. 이력이 화려하면 저자 소개란에 적을 내용이 많아 도움이 되는 것은 사실이지만, 첫 책을 내는 지금 저자 소개란에 적을 내용이 없는 것은 아니다. 책을 한 권 낼 정도면 인생을 허투루 살지 않았을 테니 담백하게 자기 생각 정도는 충분히 적을 수 있을 것이다.

화려한 수상 경력, 이력 등 적을 게 없다면 고민하지 말고 사람들에게 자신이 누군지 알릴 수 있는 내용을 담백하게 적어보자. 처음부터 화려한 이력을 갖고 책을 쓰는 사람은 생각보다 많지 않다. 아무리 유명한 사람도 시작은 다소 초라해 보일 수밖에 없다. 그러니 자신감을 갖고 저자 소개란을 적길 바란다.

다음은 내가 첫 책을 낼 때 넣었던 저자 소개다.

"하루 동안 터키에서 아침을 먹고 슬로베니아에서 점심을 그리고 이탈리아에서 저녁에 파스타를 먹은 기억은 비즈니스 영어를 할 수 있었기에 얻을 수 있는 소중한 경험이었다."

저자는 유명 영어 학원 강사도, 그렇다고 어릴 때부터 영어권 나라에서 유학한 네이티브 스피커도 아니다. 많은 시행착오 끝에 영어 말하기를 스스로 습득한 국내 독학파이다.

저자는 현재 국내 굴지의 대기업에서 미국, 유럽, 아시아 등 글로벌 기업들을 대상으로 세일즈, 사업개발 및 비즈니스 협력관계 구축을 담당하는 팀장 업무를 맡고 있다. 처음엔 2년 정도면 영어를 마스터할 수 있을 것 같았지만, 일상 회화를 무리 없이 할 수 있게 되기까지 많은 시행착오를 겪었다. 그런 수많은 시행착오와 어떻게 하면 영어를 조금 더 잘 할 수 있을까에 대한 고민들에서 시작해, 10년 동안의 글로벌 비즈니스 현장 경험 그리고 현존하는 영어 교재를 분석했다. 그 결과, 저자는 한국인에게 가장 적합한 '한 시간에 끝내는 영어 말하기' 학습법을 개발할 수 있었으며 그 노하우를 전파하고 있다. 지금도 비즈니스 영어 노하우를 공유하기 위해 개인 블로그를 운영하고 있다.

"한국 사람들은 이미 너무 많은 영어 지식을 가지고 있다. 다만 그걸 어떻게 연습하고 활용하는지를 모르고 있을 뿐이다." 또한 "포기하지 않고 이 책에서 제안하는 방식으로 훈련한다면 누구나 프리 토킹 수준의 영어 말하기 실력을 키울 수 있다"라고 저자는 말한다.

● 　　　　　　　　　　　　　　　　　　　　　　타깃 독자

타깃 독자 정하기는 판매와 직결되기 때문에 매우 중요하다. 책을 출간하는 목적은 개인에 따라 다양하고 다르겠지만 가장 큰 부분은 경제적인 혜택이라고 생각한다. 책이 많이 팔리기 위해서는 내 책을 읽는 대상이 명확해야 한다.

　좋은 책을 쓰기 위해서는 내 책을 읽는 대상을 생각하며 그 입장에서 책을 써야 한다. 그렇기 때문에 대상은 구체적이어야 한다. 책을 많이 팔겠다는 욕심으로 대상의 범위를 너무 넓히면 아무에게도 공

238

감을 끌어내지 못할 확률이 높다. 모든 독자의 연령, 성별과 처한 환경이 다르기 때문에 모두를 아우를 수 있는 관점의 글은 있을 수 없고 모두에게 공감대를 형성하기란 어렵다.

타깃 독자를 구체화할 때 한 가지만 주의하면 된다. 너무 적은 수의 타깃을 정하면 상업적으로 성공하기 어렵다는 것이다.

친구 중 한 명이 한의학 관련 서적을 출간했는데 수준이 너무 높아 전공자가 아니면 도저히 읽을 수 없는 난이도였다. 책을 볼 수 있는 대상이 너무 적었기 때문에 당연히 책은 많이 팔리지 않았다. 한의학 관련 분야로 책을 많이 팔기 위해서는 일반인도 접근이 가능한 수준이 되어야 한다.

만약 내가 한의학 전문의여서 한의학 관련 책을 쓴다고 하자. 그리고 전문의를 대상으로 나의 지식을 전달하기 위해서 제목을《한의학총론》으로 정했다고 하자. 이 책은 일반인이 접근하기 어렵기 때문에 한의사만 구매할 것이다. 전국에 있는 한의사가 모두 이 책을 산다면 모르겠지만 타깃 독자의 수가 너무 적기 때문에 출간을 해도 성공하기가 매우 어려울 것이다.

상업적 성공을 위해서는 다음과 같은 전략으로 접근을 해야 한다. 일단 한의학에 대해서 좀 더 쉽게 받아들이는 나이는 40대 이상일 것이다. 따라서 대상 독자는 40대 이상이 되어야 한다. 그러나 너무 넓기 때문에 조금 더 좁혀줄 필요가 있다.

한국 성인이 대부분 앓고 있는 질병 중 하나가 고혈압이다. 이런 부분에 참신한 내용을 담을 수 있다면 상업적으로 성공할 수 있다고 본다. 따라서 타깃 독자는 '40대 이상의 고혈압 환자 또는 고위험자'로 정한 후 책의 내용과 제목도 이에 맞게 《고혈압, 약 없이 치료할 수 있다》라고 책을 출간한다면 《한의학 총론》보다는 많이 팔릴 수 있을 것이라고 생각한다. 그러나 여기서 독자층을 더 넓히기 위해 욕심을 내서 《일상 속의 한의학》, 《체질별 한의학 치료법》 등으로 하면 타깃 독자는 건강에 관심이 있는 모든 사람으로 대상은 넓어지겠지만, 딱 내가 읽어야 하는 책이라고 공감하는 확실한 타깃이 없기 때문에 판매로 이어질 가능성이 현저히 낮아지게 될 것이다.

내가 쓰는 책이 누구에게 어떤 형태로 어떤 도움을 줄 수 있는지를 생각하고 타깃 독자를 정하면 좀 더 쉽게 대상을 정할 수 있다. 욕심을 버리고 구체화하길 바란다.

●   **집필 동기**

우리가 쓰고 싶은 책이 문학이 아니라면 집필 동기는 독자에게 도움이 될 만한 지식을 나누기 위함일 것이다. 따라서 타깃 독자에게 '내 책이 어떤 가치를 전달할 수 있는지'가 집필 동기가 된다.

《한 시간에 끝내는 영어 말하기의 모든 것》은 타깃 독자가 한국에서 영어 교육을 받은 40대 이상의 직장인이었다. 이 시기의 사람들은 나름 열심히 영어 공부를 했기 때문에 영어에 대한 지식은 상당히 많다. 다만 어떻게 말하기로 연결하는지에 대한 노하우가 부족한 경우가 대부분이다. 따라서 나의 집필 동기는 '현업에서 영어 말하기의 부족함을 느끼는 독자에게 나의 노하우를 공유한다'였다. 즉 '기존에 학습한 영어 지식을 회화로 연결하고 확장하는 노하우 나누기'였다. 이처럼 집필 동기는 내가 내 책을 통해 다른 사람들에게 어떤 가치를 줄 수 있는지를 생각하면 된다.

●   차별화 요소

차별화 요소가 없는 책은 출판사의 선택을 받을 가능성이 매우 낮다. 차별화는 그만큼 중요하다. 내가 영어 문법을 잘 알고 있어 영어 문법책을 낸다고 가정해보자. 이미 서점에는 영어 문법책이 차고 넘친다. 그리고 그 분야의 전문가들이 집필한 책이기 때문에 내가 똑같은 방식의 영어 문법책을 쓰게 된다면 내가 더 좋은 내용으로 쓸 가능성이 매우 낮다. 그렇게 되면 독자는 군이 내 책을 살 이유가 없다. 이런 이유로 출판사도 차별화 요소가 없는 책들과는 계약을 하지 않는다. 성공한 책과 그렇지 못한 책들을 보게 되면 대부분 이런 부분에서 차이가 난다.

오래전 베스트셀러에 올랐던 정찬용 저자의《영어 공부 절대로 하

지 마라》는 이런 차별화 요소를 가장 잘 이용한 책이라고 생각한다. 기존에 출간된 대부분의 영어책은 문법과 독해 위주의 책이었다. 물론 말하기에 관한 책이 전혀 없었던 것은 아니었지만 이 책처럼 철저하게 말하기의 중요성을 강조하고, 문법 위주의 학습법에서 말하기 위주의 학습으로 바꿔야 한다고 말한 책은 거의 처음이었다. 이 책 또한 영어를 잘하고 싶은 사람들을 대상으로 하는 영어 공부법에 관한 책이었지만 '회화'라는 확실한 차별화 요소가 있었다. 성공적인 출판을 위해서는 내 책이 기존에 나와 있는 경쟁 도서와 어떻게 다른지 명확한 차별화 요소를 알고 있어야 한다.

●   ## 홍보 및 마케팅 계획

최근 출판 트렌드를 보면 이미 SNS 등으로 인지도가 높은 저자들이 책을 내는 경우가 많다. 출판사 입장에서는 인지도가 검증되어 이미 독자층이 확보된 사람들의 책을 내는 것이 어떻게 보면 당연하고 리스크가 낮은 현명한 선택일 것이다.

직장 생활을 하면서 SNS 활동을 병행할 수 있는 여력은 많지 않기 때문에 대부분의 초보 저자들은 출판사의 마케팅 활동 외에 이렇다 할 계획이 없을 것이다. 열심히 쓴 책이 홍보 활동 부족으로 판매가 저조하다면 나의 노력도 물거품으로 돌아가겠지만, 출판사도 마찬가지

다. 따라서 요즘에는 출판사들도 홍보 및 마케팅 계획이 있는 저자를 선호하는 추세다.

물론 하루아침에 유튜브 스타가 되고, 파워블로거, 인플루언서가 될 수는 없겠지만 우리 스스로 노력하지 않으면 새로운 출판 환경에서 도태될 수밖에 없다. 한 걸음씩이라도 좋으니 이런 홍보 활동에 대한 계획을 마련한다면 출판사가 당신의 글을 선택할 가능성은 더 높아질 수 있다.

● 희망 출간 일정

마지막으로 출간기획서에 들어갈 내용은 희망 출간 일정이다. 출간 일정을 잡는 것은 스스로 마감일을 정해놓는다는 데 의미가 있다. 글이라는 것이 한번 늘어지면 몇 달은 금방 지나가고 1년도 결코 길지 않은 시간이 된다. 따라서 출판사와 마감일을 정해놓고 작업을 해야 책 쓰기라는 긴 여정에 마침표를 찍을 수 있다.

책을 쓴다는 시도 자체가 자신을 한 단계 더 도약할 수 있는 기회로 삼을 수 있지만 출간이라는 마무리가 되어야 다음 단계로 도약할 수 있는 기반이 될 것이다.

출간 일정을 정해야 하는 또 다른 이유는 출판사에도 일정이 있기 때문이다. 출판사는 내 책 한 권만을 가지고 일을 하지 않는다. 미리 계획된 다른 책들의 일정과 겹치면 내가 원하는 때에 출간하기 어려울 수 있기 때문에 작가와 출판사는 사전에 서로 출간 일정을 조율해야 한다.

Q. 제목이 책의 운명을 좌우한다고요?

책의 제목은 책을 쓰는 동안 수십 번 바뀌고 출간 계약을 하게 되면 출판사에서 다시 변경될 여지가 매우 높다. 책을 쓰는 저자나, 책을 만드는 출판사나 제목에 이렇게 심혈을 기울이는 이유는 제목이 그만큼 중요하기 때문이다.

책에서 첫인상 역할을 하는 것은 제목이다. 우리가 책을 구매하는 과정을 잘 살펴보면 제목을 가장 많이 보는 것을 알 수 있다. 물론 제목을 빛나게 하는 디자인도 중요하지만 일단 제목이 끌려야 한다. 수많은 책 속에서 내가 평소에 고민하고 궁금해하는 키워드가 들어 있는 제목이어야 일단 책을 집어든다. 제목은 면접에서 서류전형과도 같은 관문이다. 내가 가치가 있고 회사에 쓸모 있는 사람이라는 것을 알리기 위해서는 일단 서류전형에 통과해야 하듯이 누군가가 내 책을 보고 가치를 판단하기 위해서는 일단 제목이 구매자의 선택 기준을 통과해야 하는 것이다.

이렇게 중요한 제목은 언제 결정해야 할까? 제목은 여러 번 바뀌기 때문에 최종 출간되는 제목을 언제 결정하는지는 중요하지 않다. 다만 내 경험에서 보면 제목은 책을 쓰기 전에 결정하는 것을 권한다.

제목은 가장 큰 상위 개념으로 내가 이 책에서 말하고 싶은 내용이 들어가야 한다. 아무리 자극적이고 매력적인 제목이라도 책의 내용과 연관성이 없으면 좋은 제목이라 할 수 없고 오히려 독자를 기만하는 행위다. 책의 제목은 핵심 내용을 표현하는 키워드를 포함하고 있기 때문에 책을 쓰기 전에 만들어놓으면 책을 쓰는 동안 내 책의 방향성을 유지해주는 역할을 하게 된다.

책을 쓰다 보면 의외로 처음에 설정한 방향과 다른 방향으로 글이 쓰이기도 한다. 이런 경우 다시 제목을 생각하면서 큰 틀에서의 방향을 잡을 수 있어야 하며 실제로 제목은 그러한 역할을 해준다. 이는 마치 어두운 바다에 길을 비춰주는 등대와 같다.

어떻게 하면 매력적인 제목을 만들 수 있을까? 저자가 오랜 고민을 해서 만든 참신한 제목이 가장 좋은 제목이라고 생각한다. 그러나 모두가 그런 재능이 있는 것은 아니기 때문에 전문적인 방법을 따르는 것도 나쁘지 않다. 이런 방법들이 식상하다고 생각할 수 있지만 의외로 성공률이 높은 방법이 될 수 있다.

1990년대 미스터 투의 〈하얀 겨울〉, 성진우의 〈포기하지 마〉, 터보의 〈나 어릴적 꿈〉, 〈검은 고양이〉, 엄정화의 〈Poison(포이즌)〉 등 이름만 들어도 알고 있는 수많은 히트곡을 작곡한 주영훈은 어느 인터뷰에서 이런 말을 한 적이 있다.

"히트곡을 작곡하는 공식 같은 비법이 있다. 한국 사람들이 좋아하는 비트와 리듬 등이 있는데 이런 공식을 대입해서 히트곡을 만들수 있다."

책 제목도 마찬가지인 것 같다. 그 시대의 트렌드를 반영하는, 사람들이 좋아하는 제목 형식이 있다. 이를테면 한때 유행했던 '20대에 꼭 해야 하는 ○○○' 식의 제목이다. 따라서 영감이 떠오르지 않는다면 이런 방법으로 제목을 만들어도 무방하다.

정답은 없지만 성공적인 제목을 만드는 대표적인 방법은 다음과 같다.

● **가치 제안하기**

《아침형 인간》
《놓치고 싶지 않은 나의 꿈 나의 인생》

《아들아, 머뭇거리기에는 인생이 너무 짧다》

《성공을 바인딩하라》

《내 인생 5년 후》

《성공하는 사람들의 7가지 습관》

《리딩으로 리드하라》

　　이밖에 유명한 가치 제안형 제목은 '20대, 30대, 40대에 꼭 해야 할 ○○○' 등이다. 이런 제목은 왠지 이 일을 안 하면 큰일이 날 것 같고 손해를 볼 것 같은 독자의 불안감을 자극하여 구매를 부추기는 형태다.

반어적인 표현 사용하기

《영어 공부 절대로 하지 마라》

《부자 아빠 가난한 아빠》

《나는 아내와의 결혼을 후회한다》

《노는 만큼 성공한다》

《운수 좋은 날》

　　반어적인 형태의 제목은 일반적으로 가지고 있는 기본적인 개념을 역설적으로 표현하면서 독자의 궁금증을 유발하는 방식이다.

● 핵심 메시지를 줄여서 만들기

《인생의 차이를 만드는 독서법, 본깨적》: 보고 깨달은 내용을 적어라
《혼창통》: 큰 뜻을 세우고(혼), 늘 새로워지려고 노력하며(창), 물이 흐
  르듯 소통(통)하라는 뜻
《우공비》: 우리들의 공부 비법

축약형 제목은 책 제목에 담고 싶은 메시지가 너무 길어 기억하기 쉽고 발음하기 쉬운 형태로 줄여서 부르는 방식이다. 아무리 좋은 제목도 길면 기억하기 어렵고, 기억하기 어려우면 입소문이 나기 쉽지 않기 때문에 이런 방식을 택하기도 한다.

좋은 제목을 만들기 위해서는 서점에 자주 가서 잘 팔리는 책의 제목을 최대한 많이 보고 또 최근 트렌드를 책의 제목에 반영할 줄 알아야 한다. 그리고 너무 뻔히 예상되는 제목보다는 반전이 있는 제목이 더 효과적이다.

로버트 기요사키의 유명한 저서《부자 아빠 가난한 아빠》의 원제는 '부자들이 들려주는 돈과 투자의 비밀'이었다. 이 책이 원래 제목

대로 출간되었다면 독자들은 너무 뻔하고 책의 내용이 예측되어 관심을 갖지 않았을 것이다. '부자 아빠 가난한 아빠'라는 제목으로 독자들의 궁금증을 유발하게 하여 더 큰 성공을 거둔 것이다.

국내에서 메가 히트를 한《영어 공부 절대로 하지 마라》라는 유명한 영어책이 있다. 이 책의 원래 제목은 '한 달이면 TOEIC 200점이 오르고, 6개월이면 모국어가 되는 영어 학습의 대혁명'이었다고 한다. 장담컨대 만약 책을 이 제목으로 냈다면 독자들은 이 책보다 당시 유명했던 '해커스' 영어책을 샀을 것이다. 이 책의 내용은 기존과는 다른 실전 회화 중심으로 영어를 해야 성공할 수 있다는 내용이다. 우리가 지겹게 했던 영어 공부와 다른 영어 공부법을 제안하는 동시에 영어 공부를 싫어하는 사람들의 심리를 정확히 꿰뚫은 제목이라 할 수 있다. 실제로는 영어 공부를 하지 않고도 영어를 잘할 수 있다고 말하는 것은 아니며, 기존과는 다른 영어 공부법을 반어적인 표현으로 제안한 것이다. 너무 뻔하지 않아서 성공을 거둔 제목이라 할 수 있다.

다시 한번 정리하며 마무리해보자. 유혹의 첫 단계인 매력적인 제목이란 무엇일까?

우선 책 내용을 포괄적으로 포함하면서 참신해야 하며 사회 트렌드에 잘 맞아야 한다. 트렌드만 맞아도 사실 책을 한 번은 들춰보게 된다. 만약 지금 핫한 이슈인 'MZ세대'가 들어간 제목이 있다면 한

번은 눈길을 준다. 그러나 까다로운 독자들은 이것만으로는 책을 펼쳐볼 매력을 못 느낀다. 참신하지 않아 호기심이 생기지 않기 때문이다. 책의 제목은 마치 독자가 판도라의 상자를 열어보고 싶을 정도로 궁금하게 만들어야 한다.

책을 쓰는 동안에는 때때로 떠오르는 제목을 적어두면 나중에 책 제목을 정할 때 많은 도움이 된다. 다음은 내가 에버노트에 정리했던 책 제목 후보다.

잘 팔리는 책의 네 가지 조건

책을 쓰는 이유가 돈을 벌고 책을 많이 팔기 위함만은 아니지만 많이 팔리면 좋은 것은 사실이다. 나의 지식을 전하고 싶어 책을 쓰는 것이니 많이 봐주면 좋고 이로 인해서 경제적인 혜택까지 얻을 수 있다면 집필 활동에서 더 큰 동기 부여로 다음 책 출간을 위한 힘이 되기 때문이다. 그럼 어떤 책이 많이 팔릴까? 내용이 좋아야 함은 당연하지만 그 외에도 많은 요소가 있다.

이미 많은 책을 낸 작가들이 공통적으로 말하길 '책의 운명을 좌우하는 것은 훌륭한 제목, 표지 디자인, 목차 그리고 서문'이라고 한다. 나 역시도 책을 고를 때 대부분 네 가지 주요 요소를 보고 판단한다. 제목과 표지로 유혹을 하고 서문을 통해서 내 책의 매력을 어필한다. 여기까지 성공하면 일단 목차를 보면서 자신이 가지고 있는 배경지식에 맞춰 내용을 가늠해본다. 물론 제목과 내용이 기대와 다를 때도 많지만 제목이 마음에 들고 서문과 목차가 읽고 싶은 궁금증을 유발하면 대부분의 사람은 책을 구매한다. 여기에 책의 내용이 저자의 경력과 맞아떨어지면 신뢰도가 올라가 구매 확률은 더 높아진다.

변화의 시작, 프레임 책 쓰기

어릴 때부터 부와 성공을 이루기 위해 자기계발서를 많이 읽었다. 가끔 주변에서 책을 읽지 않는 많은 사람이 자기계발서를 폄하하곤 한다. 그들이 흔히 하는 말은 이렇다.

"누가 좋은 줄 몰라? 내가 안 해서 그렇지."
"너무 뻔한 얘기 아니야?"
"책 읽는다고 뭐가 달라져?"

맞는 말이다. 책 한 권 읽는다고 삶이 달라지지 않는다.
그럼에도 내가 책을 읽는 이유는 책을 통해 삶이 바뀔 수 있다고 믿기 때문이다. 한 권으로는 절대 안 된다. 적게는 수백 권, 많게는 수천 권을 읽어 책에서 말하는 이념과 생각이 나를 바꿔야 가능한 일이다. 긍정의 메시지를 담고 있는 책을 계속 읽다 보면 처음에는 뻔한 얘기 같지만 점점 책과 동화되어 내가 긍정적인 사람으로 바뀐다. 이런 면에서 자기계발서는 큰 힘이 된다고 생각한다.

누구나 열심히 독서를 하면 변할 수 있지만 문제는 지속하기가 힘들다는 것이다. 우리가 한 가지에 집중하고 계속하기 위해서는 이에 상응하는 보상이 있어야 한다. 우리는 이런 보상을 동기 부여라고 말하기도 한다. 역설적으로 들리지만, 책을 많이 읽기 위해서 책을 쓰라고 말하고 싶다. 바쁜 일상 속에서 책을 쓴다는 것은 결코 쉬운 일이 아니다. 그러나 하루 30분 프레임 책 쓰기를 한다면 누구나 6개월 안에 책을 쓸 수 있다고 확신한다. 누구의 도움도 없이, 어떤 컨설팅도 받지 않고 나만의 노력으로 책을 2권 출간한 내가 증명했지 않은가.

내가 책을 쓰기 위해 했던 유일한 방법은 책 쓰기 관련 책을 최대한 많이 읽은 것이다. 솔직히 말하면 컨설팅 비용을 알아보고 너무 비용이 커서 선택한 방법이 독서였다. 나는 스스로 방법을 터득해야 했기 때문에 시간이 오래 걸렸다. 그러나 내가 터득한 방법을 정리한 이 책으로 누구나 6개월이면 가능하다고 생각한다. 적어도 이 책을 읽는 사람들은 내가 오랫동안 겪었던 시행착오 없이, 빠른 시간에 책을 쓸 수 있을 것이다.

책 쓰기는 선택이 아니라 필수로 익혀야 하는 기술이다. 무슨 일을 하든 마지막 단계에서 책을 쓰면 적어도 그 분야에서는 전문가로 인정받을 수 있기 때문이다.

나는 평생 10권의 책을 내는 것을 삶의 목표 중 하나로 삼았다. 이제 겨우 2권을 냈지만 어떻게 해야 하는지 방법을 알았기 때문에 나머지 8권의 책은 조금 더 빠르고 쉽게 낼 수 있을 것이라고 생각한다. 내가 10권의 책을 내는 것을 목표로 한 것은 죽기 전까지 열 가지 분야에서 전문가가 되고 싶기 때문이다. 그러면 적어도 실패한 삶은 아니라고 생각한다.

책 한 권 낸다고 인생이 바뀌지는 않는다. 물론 가끔 베스트셀러 작가가 나오기도 하지만 쉽지 않은 일이다. 그러나 책 쓰기가 변화의 시작점은 될 수 있다. 책 쓰기를 통해서 새로운 삶을 시작하고 새로운 인연을 만날 수 있다. 이렇게 변화된 삶은 우리를 조금 더 좋은 방향으로 이끌어줄 것이다.

이 책을 통해 책 쓰기라는 고기를 잡는 방법을 배웠으리라고 생각한다. 이제 눈앞에 있는 고기를 잡을지 말지는 각자의 몫이다. 바로 오늘부터 하루 30분 프레임 책 쓰기를 통해 변화된 삶, 전문가의 삶을 시작할 수 있다. 책을 읽고 궁금한 부분이나 도움이 필요한 부분이 있으면 언제든지 도울 준비가 되어 있다.

일상이 콘텐츠가 되는 하루 30분 프레임 책 쓰기

한번 써봅시다 책이 뭐라고

1판 1쇄 인쇄 2022년 11월 9일
1판 1쇄 발행 2022년 11월 16일

지은이 신선수
펴낸이 고병욱

기획편집실장 윤현주 **책임편집** 유나경 **기획편집** 장지연 조은서
마케팅 이일권 김도연 김재욱 오정민
디자인 공희 진미나 백은주 **외서기획** 김혜은
제작 김기창 **관리** 주동은 **총무** 노재경 송민진

펴낸곳 청림출판(주)
등록 제1989-000026호

본사 06048 서울시 강남구 도산대로 38길 11 청림출판(주) (논현동 63)
제2사옥 10881 경기도 파주시 회동길 173 청림아트스페이스 (문발동 518-6)
전화 02-546-4341 **팩스** 02-546-8053
홈페이지 www.chungrim.com
이메일 cr1@chungrim.com
블로그 blog.naver.com/chungrimpub
페이스북 www.facebook.com/chungrimpub

ISBN 978-89-352-1396-2 (03320)